가족도 리콜이 되나요?

가족도
리콜이
되나요?

연애에서 상속까지, 모던 패밀리를 위한 가족법

양지열 지음

Humanist

당신이 궁금했던 가족법에 대한 모든 것

가족끼리의 일에 법이 필요하다? 사법시험을 준비하기 전에는 생각하지 못했다. 가족끼리 소송을 하면 회복하기 어려울 만큼 아프게 싸운다? 변호사가 되기 전에는 상상도 못 했다. 태어나면서부터 함께한 가족이었던 만큼 법률 전문가가 아니라면 보통은 이렇게 생각할 일이다. 하지만 가정 안에는 법적인 권리와 의무가 함께하고 있다. 따르지 않으면 판사 앞에 가서 강제로 이루어달라고 요청할 수 있는 것들이다. 생판 남인 사람들과 맺는 거래나 계약과 마찬가지 원리로 이루어져 있다. 누구 말이 어떻게 옳은지 따지는 기준이 정해져 있고, 잘못한 쪽이 돈으로 손해배상을 해주어야 하기도 한다.

사실 가족의 시작인 부부는 애초에 남이었다. 남들끼리 만나 사업체를 꾸리는 것과 가족이라는 공동체를 이루는 일은 법적으로 비슷한 구조를 갖추고 있다. 사업을 시작할 때는 건물을 빌리고, 자산 관리를 하고, 동업하는 사람과의 관계는 어떻게 설정할지 주의를 기울인다. 특히나 처음 하는 사업이라면 신경 쓸 일이 한두 가지가 아니라서 더욱 꼼꼼히 살펴보지 않는가.

결혼 역시 꼼꼼히 준비하고 접근해야 한다. 그런데도 각자 가정에서 겪은 대로 하면 되겠거니, 좋은 게 좋은 거라며 약간 꺼림칙한 부분도 지나치며 시작하는 게 대부분이다. 사랑에 눈이 멀어 법전까지 읽어볼 겨를이 없기도 하다. 비단 부부 사이에서만 문제가 생기는 게 아니다. 부모와 자식, 형제 사이에도 살아가는 동안 뜻밖의 일들이 왕왕 생기기 마련이다. 파국에 이르러서야 변호사를 찾고, 혼인과 가족에 대해 법과 제도가 어떻게 정하고 있는지 그제야 배우려 한다. 그러니 법률 상담을 하면서 답답하고 안타까울 때가 한두 번이 아니었다. 미리 법을 조금만 알았다면 이렇게 끝까지 오지 않았을 텐데 하는 지극히 현실적인 고민이 이 책을 쓴 가장 큰 이유였다.

이 책은 연애에서 상속까지 보편적인 가족의 시작과 끝을 흐름에 따라 15개 주제로 이야기하고 있다. 두 사람이 결합할 때 그리고 그 이후에 지켜야 할 것들을 안내하고, 혹시라도 잘못된 만남이었다면 해소하는 데 필요한 조치들은 어떤 것이 있는지 차례로 짚어보았다. 결혼이라는 제도는 둘의 결합에 그치지 않는 만큼 가족의 범위가 어떻게 넓어지는지, 그들과의 관계는 어떻게 설정해야 하는지도 빼놓을 수 없는 사항이다. 새로운 구성원이 태어나면 부모로서 감당해야 할 역할은 무엇인지, 세상을 떠나는 길에 정리해야 할 것은 무엇인지도 살펴보았다. 민법의 일부를 이루고 있는 가족법의 내용 중 21세기 대한민국의 보편적인 가정이라면 반드시 알아야 할 기본적인 것들이다.

이해를 돕기 위해 법의 일반적인 원칙들 역시 필요한 범위에서 다루었다. 말미에는 부록의 형태로 작은 가족법 상담소를 꾸려보았다. 결혼, 이혼, 상속에 관한 5개의 질문과 답변을 담은 것이다. 본문에서 다루었던 법의 원칙들이 구체적인 사례에서 어떻게 적용되는지 맛볼 수 있다. 혹시라도 비슷한 상황을 겪고 있다면 참고삼아 응용해볼 수도 있을 것이다.

가족은 대부분의 사람이 몸을 담고 있는 사회의 가장 기본적인 공동체이다. 친밀한 관계인 만큼 법의 잣대로 들여다보는 일이 냉정하게 여겨질 수도 있으리라. 하지만 결코 그렇지 않다. 남편과 아내는, 양가 부모님에게 어떻게 해야 하는지 막연히 각자의 입장만 내세우다가 부딪히는 일들이 너무나 많다. 법은 같은 시대를 살아가는 사람들이 다 같이 지키기로 한 약속이다. 각자의 역할이 무엇인지 명확하게 알면 갈등은 오히려 줄어들 것이다.

법전을 들이밀며 싸우라는 말은 결코 아니다. 가정마다 고유한 문화도 존중해야 한다. 하지만 법으로 정해놓은 커다란 틀을 이해하면 그 안에서 응용하는 일도 한결 수월해질 것이다. 마지못해 따라야 하는 일이 있더라도 옳은지 그른지조차 모르는 데서 오는 답답함은 크게 줄어들 수 있다.

한편 사회가 빠르게 변화하면서 전통적인 가족법으로는 해결하기 어려운 한계들도 드러나고 있다. 고령화 사회에 따른 황혼 이혼과 결혼으로 상속을 비롯한 몇몇 문제가 해결하기 쉽지 않은 고차 방정식으로 바뀌었다. 결혼을 원하지 않는 1인 가정이 늘고, 동성 간의 법적 결합을 요구하는 목소리도 있다. 새로운 유형의 '모던 패밀리' 역시 법의 울타

리 안에서 보호받기 위해 어때야 하는지 이제는 함께 고민해볼 만한 문제들이다.

　가족 안에 끼어들어 갈라놓기 위해 법이 만들어졌을 리 만무하다. 오히려 그 안에서 행복하게 살아갈 수 있도록 지붕과 벽을 세워준 것이다. 이 책을 통해 더 많은 사람이 법의 보호를 받으며 행복한 삶을 함께 꾸려나갈 수 있기를 희망한다.

2019년 3월
양지열

차례

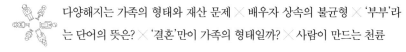

양지열 변호사의 본격 가족법 상담소 236

사랑과 법률

1

결혼에
이르기까지

좋아한다, 사랑한다, 결혼하자. 깊어지는 관계에 따라 말의 무게 역시 달라진다. 손가락 걸고 그러자고 하는 순간 지켜야 할 약속으로 바뀐다. 눈치채지 못해 그렇지, 맞잡은 손은 이미 법전 위에 놓여 있다. 법은 여러 사람이 얽혀 살기 위해 하는 많은 약속을 지키기 위한 장치이다. 사랑에서 비롯한 약속이라 할지라도 마찬가지여서 책임이 따르고, 어겼을 땐 법원이 끼어든다. 지지고 볶는 둘만의 사랑싸움이 아니라 여러 사람의 이해관계가 달린 법적인 관계라면 말이다. 두 사람의 약속이 과연 언제부터 어떻게 바뀌는 것일까?

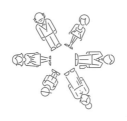

아무도 모르는 해피엔딩의 진짜 엔딩

그 후로도 오래오래 행복하게 살았습니다. 어릴 적 이런 식으로 끝나는 동화책을 읽은 기억이 있을 것이다. 저주에 걸렸을 수도 있고, 용에게 납치됐을 수도 있고, 부모가 강력하게 반대했을 수도 있는 공주와 왕자는 온갖 어려움을 극복하고 서로를 만나 사랑에 빠진다. 이야기는 거기서 끝나고, 그 후로 어떤 일들이 일어났는지 알 길이 없다.

기독교 집안에서 무남독녀로 자란 여성이 비기독교 집안의 삼 형제 중 둘째인 남자와 맺어져 명절을 맞는다. 난생처음 제사 음식을 장만하느라 온종일 기름 냄새에 찌든다. 일껏 밥상을 차렸더니 시아버지와 남편 형제끼리 둘러앉고, 시어머니와 동서들은 따로 모여 앉는다. 여긴 어디고 나는 누구일까, 자괴감이 들기 마련이다. 남편이란 인간은 일 년에 한 번 있는 일인데 뭐가 문제냐는 식이다. 일 년에 한 번뿐인 설날, 추석, 어버이날, 시부모님 생신날, 이분 저분 제삿날…….

남자와 여자는 적어도 20년 넘게 서로 다른 환경에서 자란 두 개의 인격체이다. 그러니 동화책과 달리 처음부터 아무렇지 않게 한곳에서 행복하게 사는 것은 불가능하다. 그래서 '그 후로' 어떻게 살아야 하는지 많은 매뉴얼이 있다. 단언컨대 그중 가장 중요한 것은 가족법이다. 그것만 잘 알고 지키면 오래오래 법원에 가지 않을 수 있다.

법의 언어, '겉으로 드러난 말'

현대의 법은 약속이다. 대한민국의 수많은 사람이 어우러져 살기 위해 필요한 것들을 다른 누가 아닌 우리끼리 정해놓았다. 모든 사람이 모이는 것은 불가능하니 국회의원들을 뽑아 그 일을 맡겼을 뿐이다. 일상다반사 모든 일에 대해 까다롭게 만들어놓지도 않았다. 사람들이 주고받는 많은 약속 중에 가장 공통적인 것들을 추려 법으로 삼았다. 약속은 지키라고 있는 것이다. 그래서 나랏일이건 사람들 사이의 일이건 가장 중요한 법의 원칙은 약속을 잘 지키라는 것이다. "권리의 행사와 의무의 이행은 신의에 좇아 성실히 하여야 한다(민법 제2조 제1항)." 이 한 문장에서 시작해 어떤 약속을 통해 어떤 권리와 의무가 생기는 것인지, 어떻게 해야 성실하게 그걸 이행하는 것인지, 만약 누군가 지키지 않으면 어떻게 할지, 구구절절하게 설명해놓은 것이 법이다.

약속은 말로 이루어지는 것을 원칙으로 한다. 스타벅스에서 "아메리카노?"라고 주문하면 점원은 "4,100원!"이라고 답한다. 아메리카노 커피 한 잔에 대한 약속인 셈이다. 이어 돈을 내고 커피를 받는 행동이 따른다. 법적으로는 매매계약과 그 이행이 이루어지는 것이다. 이처럼 어려운 이름을 떼고 보면 법률이라는 거 별것 아니다. 겉으로 말한 그대로를, 보통 사람이라면 어떤 뜻으로 받아들일지에 따라 행동하면 되는 것이 원칙이다.

본질은 이렇게 단순하지만 거래가 복잡해지면 서로의 뜻을 제대로 받아들이지 못해 상황이 꼬일 수 있다. 그럴 때 어떤 뜻인지 제대로 해석해주는 것이 법의 중요한 역할이다. 기준은 역시 겉으로 드러난 의사를, 보통의 합리적인 사람이라면 어떻게 생각할지로 삼는다. 수백, 수천 쪽짜리 서류의 뜻에 대해 변호사들이 치열하게 다투고, 판사가 머리를 싸맨 끝에 내리는 결론도 본질은 같다.

이처럼 법이 '겉으로 드러난 말'을 원칙으로 삼은 이유가 있다. 우선은 당사자 사이의 거래에서 가장 깔끔하게 뜻을 전달하기 때문이다. 주인 입장에서는 얼굴이 가물가물한 손님인데 "먹던 거로!" 달라 하면 많이 곤혹스러울 것이다. 그보다 중요한 이유는 다른 사람과의 관계 때문이다. 친구가 하도 조르기에 나는 잠시 가지고 있으라는 뜻에서 '스마트 워치'를 줬다. 그런데 친구는 아예 준 거라 생각하고 덜컥 '중고나라'를 통해 팔아버렸다. 내 진심은 그게 아니었노라고 친구와 다투더라도, 이미 물건을 산 사람에게 "내놓으라"라면서 화풀이할 수는 없다. 어쨌든 가져가라는 말을 하고 난 이후에 벌어진 일이기 때문이다. 물건을 산 사람이 그런 사정까지 알고 있었다면 모를까, 아니, 속았거나 착각했더라도 법의 결과는 마찬가지이다. 그러지 않으면 사람들 사이의 거래가 불안해진다. 스마트 워치가 손에 손을 타고 다섯 번쯤 주인이 바

꿰어 있다고 생각해보라. 그걸 원래대로 되돌리려면 얼마나 복잡하겠는가. 사회가 안정적으로 돌아가기 위해서는 겉으로 드러난 말을 믿도록 만드는 게 꼭 필요하다.

그런데 이런 원칙이 가족법에서는 다소 다르게 적용되기도 한다. 겉으로 뭐라고 했든 진심이 무엇인지를 더 중요하게 보는 것이다. 연애하면서 "우리 이제 헤어져"라는 말 한 번쯤 했거나 들었을 수 있다. 진짜 이별을 뜻할 수도 있고, 나한테 제발 신경 좀 더 쓰라는 말일 수도 있다. 헤어지자는 말만 믿고 덜컥 뒤돌아섰다가 어마어마한 후폭풍을 겪을지도 모른다.

가족법은 사랑의 언어를 특별히 여긴다

법은 그 자체가 약속이고, 사람들끼리의 약속이 잘 지켜지도록 돕는 것이라고 했다. 그렇다고 모든 약속에 법이라는 이름으로 끼어드는 것은 아니다. 별 이유 없이 "밥 한번 살게!"라고 한 약속을 지키지 않는다고 친구를 법원으로 부를 수는 없다. 그저 좋은 뜻으로 한 말이기 때문이다. 하지만 아무리 가까운 친구 사이여도 돈 몇만 원을 주고받으면 이야기가 달라진다. 빌려줬다가 못 받으면 법원에 도와달라고 요청할 수 있다. 판사가 판결문을 써주면 친구 월급통장에서 그만큼을 강제로 빼갈 수 있다. 대부분 안 하는 것뿐이지, 못 하는 일은 아니다. 거래가 있고 재산에 분명한 변동이 있기 때문이다. 돈을 받을 권리와 갚아야 할 의무가 만들어졌으므로 지켜지지 않으면 강제로라도 법원이 해결해 줘야 한다. 그래야 사람들끼리 믿고 거래하며 사회를 유지할 수 있다.

그렇다면 가족법에서는 어떤 약속에 관해 법원이 끼어드는 것일까? 우선 새로운 신분이 생기거나 바뀌는 일을 대상으로 한다. 부부가 되거나, 부모 자식 사이가 되거나 하는 일들 말이다. 이런 일들은 아무래도 주변 사람들의 이해관계보다는 당사자들끼리의 진심이 중요하다. 가족 안에서 벌어지는 일이기에 함부로 법전을 들이밀어서도 안 된다. 겉으로 드러난 몇 마디 말이 아니라 진짜 어떤 관계인지를 따져볼 필요가 크다. 남녀 관계가 법적으로 보호해줄 정도로 깊은 사이인지부터 시작해야 한다. 사랑한다는 말을 백 번, 천 번 하더라도 그들끼리의 일일 때는 그냥 사랑하게 두면 된다. 하지만 둘 사이에서 끝나지 않고 공적인 관계에 들어서기로 했다면 그때부터 법이 관여한다. 공적 관계라는 단어에 미리 경직될 필요는 없다. 그 말인즉슨 많은 사람을 바쁘게 할 상황이 시작됐다는 것이다.

사랑한다는 말이 결혼하자로 바뀌는 순간, 당장 부모님은 기둥을 뽑아야 할지 고민을 시작한다. 친지들은 낯선 사람들과 인연을 맺을 마음을 다져야 한다. 모르고 있겠지만 가족관계등록부와 주민등록을 담당하는 공무원들이, 살 곳이 필요하니 공인중개사가, 예식장에서 일하는 사람들이, 예식장 주변 교통경찰이, 신혼여행을 위한 여행사가 준비에 들어가야 한다. 그렇다. 법은 남녀가 '약혼에 이르면' 가족법의 대상으로 보고 있다.

약혼이란 한 남자와 한 여자가 미래에 부부가 되기로 하는 약속이다 (동성 간의 결혼에 대해서는 15장에서 다뤄보기로 하자). 약속하는 방법은 따로 없다. 그냥 두 사람이 진정한 마음으로 합의하면 그만이다. 일정한 조건을 붙이는 것도 가능하다고 본다. 흔히 "앞으로 6개월 뒤에 결혼식을 올리자"라는 식의 약속을 맺는다. 다만, "동거해보고 좋으면 하자", "아이가 생기면 하자"라는 식이라면 약혼으로 보기 어렵다. 실제로 결혼할 것인지 자체가 불투명하기 때문이다. 풍선을 띄우고 무릎을 꿇으며 반짝거리는 작은 돌멩이라도 내밀면 좋겠지만, 법에서 꼭 필요한 일은 아니다.

이처럼 특별한 형식도 절차도 요구하지 않다 보니 문제가 생기기도 한다. 잘 이어져 결혼에 이르면 좋겠지만, 사랑은 종종 변한다. 사랑이 실패로 끝나면 둘 사이에 과연 약혼했었는지가 문제가 된다. 적어도 약혼은 했어야 가족법의 대상으로 법원에 갈 수 있기 때문이다.

약혼에 이르면 법은 개입한다

그렇다면 어느 경우를 약혼했다고 볼 수 있을까. 요즘은 약혼식을 치르지 않는 추세여서 젊은 세대에게는 약혼이라는 말 자체가 생소할 수도 있다.

자, 약혼을 했다고 치면 뭐가 달라지는 걸까? 약혼만으로 부부가 되는 것은 아니다. 처녀와 총각이라는 신분도 달라지지 않는다. 약혼했다는 사실이 기록에 남는 것도 아니다. 약혼이 깨지기라도 하면 기록에 남아서 좋을 일도 아니다. 그럼 강제로라도 약속을 지키도록 도와주는

약혼일까, 아닐까?

사례 1 동갑내기 커플 민준 씨와 수경 씨는 한꺼번에 만나지는 않았지만 서로의 부모와 형제에게 결혼할 사람으로 소개했다. 두 사람이 결혼할 사이라는 뜻을 알린 셈이고 증인들도 있다. 가장 쉽게 법적으로 인정받을 수 있는 길은 양가 식구들이 만나 상견례를 했을 때다.

→ **약혼으로 본다.**

사례 2 민준 씨와 수경 씨가 결혼을 진행하던 중 부모의 반대에 부딪혀 둘만의 동거를 시작했다면? 성년인 이상 부모의 동의는 법적으로 필요하지 않다. 게다가 반대했을지언정 부모는 두 사람이 결혼하기로 했다는 사실에 대한 명백한 증인인 셈이다. 또한 함께 살 집을 알아보고 다녔다면 결혼 계획이 있었다고 본다.

→ **약혼으로 본다.**

사례 3 30대 초반 정훈 씨는 지영 씨에게 부담은 됐지만 고가의 커플링이나 커플 시계, 명품 가방 같은 선물을 자주 했다. 둘 사이에 별다른 결혼 이야기는 오가지 않았다. 그런데 어느 날 지영 씨가 결별을 선언했다면? 정훈 씨는 너무 억울해했지만, 판사는 그저 젊은 사람이 돈이 많았구나 하는 정도로 본다. 선물이야 연애하는 중에 좋은 뜻으로 사줬다고 할 수 있는 것이다.

→ **약혼으로 보지 않는다.**

사례 4 본격적인 남녀 관계로 사귄 지 두어 달 된 20대 중반의 경민 씨와 영주 씨. 영주 씨가 임신했다면 어떨까? 경민 씨는 결혼을 생각하고 어머니에게 털어놓았는데 '창창한 아들의 앞길'을 운운하며 반대하고 나섰다면? 이 경우는 둘이 결혼하기로 약속했는데 부모가 반대하는 경우와 혼동하면 안 된다. 법적인 문제를 따질 때는 '누구와 누구 사이의 일인지' 분명하게 봐야 한다.

경민 씨는 영주 씨가 아닌 자신의 어머니와 의논했다. 그리고 어머니가 반대하자 한 걸음도 더 나가지 않았다면, 영주 씨와 사이에 결혼에 대한 약속은 없었던 것이다. 설령 아이를 낳았더라도 마찬가지이다. 이 정도면 결혼할 만한 상황이라고 영주 씨가 혼자 철석같이 믿었다면 곤란해질 수 있다.

→ **약혼으로 보지 않는다.**

것이 법이라고 했으니 판사가 결혼식이라도 치르게 해주는 것일까? 안타깝게도 그렇지는 않다.

약혼은 강제이행을 청구하지 못한다고 예외를 두고 있다(민법 제803조). 돈을 갚지 않으면 월급통장을 강제로 빼앗는 것과 달리, 법이라도 사랑을 강요할 수는 없는 노릇이다. 다만, 약속을 깬 잘못이 있는 상대방에게 손해를 물을 수 있다. 한발 더 나아가 제3자의 잘못 때문에 파혼했다면 그 사람에게도 손해배상을 청구할 수 있다. C는 B가 다른 남자 A와 약혼한 여성이라는 사실을 알면서도 하룻밤 사랑을 감행했다. 그 때문에 B가 임신에 이르렀다면, 이는 약혼한 남자 A의 권리를 해치는 불법행위라는 것이다. 이 경우 법원은 제3자 C에게 손해배상을 하도록 판결했다(대법원 1961. 10. 19. 4293민상531).

사랑과 이별과 손해배상의 삼각관계

사랑의 아픔을 돈으로 따지는 속물이라는 생각이 들 수 있다. 하지만 어쩌랴, 뭐가 됐든 방법은 정해놓아야 하지 않겠는가. 사랑뿐만 아니라 몸을 다치거나 생명을 잃었더라도 마찬가지이다. 혹시 궁금했던 적은 없을까? 남의 물건을 망가뜨렸을 때 똑같은 물건을 내놓으라고 하는 대신 왜 돈으로 물어내라고 하는지. 민법 제394조가 손해를 돈으로 배상해주는 것을 원칙으로 정해놓았기 때문이다. 당사자 사이에 다른 합의를 하지 않는 한 말이다. 어쩌면 사랑에 대해서는 더욱 돈말고는 다른 방법이 없지 않겠는가. 새로운 사랑을 데려다 놓으라고 요구할 수는 없을 테니.

그럼 도대체 사랑의 아픔을 얼마로 계산해야 할까? 배우 정우성이 열연을 펼쳤던 화제의 음료 광고가 있었다. "가! 가란 말이야! 너 만나고 되는 일이 하나도 없어!" 낙엽을 집어던지며 외치는 장면은 십수 년이 지났지만 여러 차례 코미디나 다른 광고, 심지어 정치권에서도 패러디되었다. 사랑의 열병을 앓는 청춘의 아픔을 한마디로 요약한 대사 덕분일 것이다. 고민에 빠져 공부가 손에 잡히지 않았을 수도 있고, 직장에서 사고를 쳤을 수도 있다.

그런데 말이다. 정우성이 잘생긴 얼굴을 마구 찌그리는 장면을 이어가 보자. 상대 여성이 눈을 똑바로 뜨고 "그게 나 때문이야?"라고 되묻는다면 그는 뭐라 대답해야 할까? 너를 만났고, 좋아하게 됐는데, 네가 내 마음을 받아주지 않아 힘들어서, 혹은 너랑 사귀느라 하던 일에 집중을 못 하게 돼서……. 그래서 뭐 어쨌단 말인가? 너 만나고 되는 일이 없다고 말할 수는 있을지언정, 안 되는 일이 다 너 때문이라고 상대방에게 책임을 돌릴 수는 없다. 이 문제는 모든 법의 영역에서 중요하게 다뤄진다. 사람과 사람 사이의 잘잘못을 따지고, 얼마만큼이나 손해를 물어줘야 할지 정할 때는 물론이고, 어떤 행동을 범죄로 볼 수 있을지, 일어난 결과에 대해 어디까지 책임을 물을 수 있을지 정할 때도 마찬가지이다.

과연 원인과 결과라고 볼 수 있느냐, 그 범위는 어디까지냐 하는 것이다. A는 사소한 시비 도중 손가락으로 B의 가슴팍을 두어 차례 쿡쿡 찌르며 몰아붙였다. B가 뒷걸음질을 친다는 게 그만 바닥에 놓인 물건에 발이 걸려 넘어졌는데 두개골이 깨져 죽고 말았다. 이걸 살인죄로 보면 너무 과하다. 법원은 상식적으로 볼 때 원인과 결과에 해당하는 만큼 책임을 물어서 폭행죄로만 처벌했다. 사람이 죽을 것까지는 도저히 예상할 수 없었으리라고 본 것이다(대법원 1990. 9. 25. 90도1596). 이는 의료 사고나 환경 사고 같은 분야에서 특히 문제로 등장한다. 피해는 분명한데 누구 잘못 때문인지 좀처럼 밝히기 어렵다.

사랑이 깨졌을 때, 그냥 사랑이 떠난 것이 아니라 누군가 한쪽의 잘못으로 파혼했을 때의 문제로 돌아가 보자. 경제적으로 손해를 본 부분이 있다면 그만큼 물어내라고 하기는 쉽다. 청첩장이나 예식장 예약비, 웨딩 촬영에 직접 쓴 돈은 여기 해당한다. 그런데 모호한 영역이 있다. 예비 신부가 결혼식 날을 아름답게 맞고 싶어 쓴 성형이나 마사지 비용, 가족이 새로 장만한 옷값 등은 어떨까? 손해로 인정받기 어렵다. 예뻐진 얼굴이 어디 가는 것도 아니고, 웨딩드레스가 아닌 한 새 옷들은 일상생활에서 잘 입으면 된다고 본다. 파혼 때문에 입은 손해에 포함하기 어렵다는 것이다.

아픈 마음 그 자체는 얼마로 위로받을 수 있을까? 딱히 계량할 수단은 없다. 법원은 보통 1,000만 원에서 2,000만 원 선으로 정한다. 상대방이 아주 큰 잘못을 저질렀거나 경제적으로 아주 넉넉하면 그 이상을 판결하기도 하지만 극히 드물다.

남아 있는 그/그녀의 흔적

여기서 끝은 아니다. 사귀었던 기간이 길면 길수록 그/그녀의 흔적은 어딘가 남아 있기 마련이다. 데이트하면서 썼던 돈, 할부 기간이 남아 있는 비싼 선물들이 있다. 치사하다고만 여기지 말자. 헤어질 무렵 그동안 주었던 물건들을 모두 가져갔던 그가, 얼굴이 함께 나온 사진들을 앨범에서 골라갔던 그녀가 있었다. 그/그녀 들은 자신이 곁에 있었던 시간을 지우고 싶다고 했다.

아름다운 이별은 좀처럼 없다. 얼마 전에는 유명 연예인과 중견기업 대표 사이에 법정 싸움이 벌어진 일이 있다. 여러 해 동안 사귀며 수억 원어치의 선물을 포함한 경제적 지원을 했는데 몽땅 사기였다며 고소했다. 여성 연예인은 상대방이 언론에 사생활을 폭로했고, 은밀한 과거로 협박했다며 맞섰다. 이처럼 씁쓸한 결말을 맞는 커플이 의외로 많다. 분명 한때는 소중했을 시간이건만 몇 달, 몇 년 치 카드 영수증을 끌어모아, 사랑했던 사람을 사기죄로 처벌할 수 없느냐고 묻는 것이다. 사기란 피해자가 거짓에 속아서 재물을 건넸을 때 이루어지는 것인데, 사랑했던 과거를 모두 이와 같은 거짓으로 돌리고 싶은 것이다. 웬만해선 안 된다고, 잊으라고 잘 달래 돌려보내면서도 착잡하다. 헤어지면 남보다 못하기 쉬운 것이 사랑이다.

사실 데이트하면서 쓴 돈이나 선물은 아무 조건 없이 준 것으로 본다 (민법 제554조). 그래서 되돌려달라고 할 수 없다는 것이 원칙이다. 그런데 약혼 단계일 때는 예외가 있다. 단순한 선물이 아니라 약혼 예물로 주고받는 것은 만약 결혼하지 않으면 되돌려준다는 조건이 붙은 것으로 본다. 다만, 자신의 잘못으로 약혼을 깬 쪽은 돌려달라고 요구할 권리가 없다(대법원 1976. 12. 28. 76므41).

그러니까 커플 반지를 교환했는데 어느 한쪽이 배신했다면, 배신당한 쪽만 돌려달라고 요구할 수 있어서 결과적으로 두 개의 반지를 가질 수 있게 되는 셈이다. 그/그녀의 흔적만 남는 셈인데, 더 아픈 일이 아닐까? 하긴 요즘에는 미련 없이 '중고나라'에 팔아버린다고도 하니, 남는 것이 흔적이 아니라 돈일 수도 있겠다.

한편 약혼 단계는 결혼으로 끝나는 것이기에 일단 결혼을 하면 나중에 어느 쪽이 잘못하더라도 약혼 예물을 돌려달라고 할 수는 없다(대법원 1994. 12. 27. 94므895). 법은 이처럼 어떤 시간이냐, 어떤 장소냐, 어떤 단계에서 이루어졌느냐에 따라 같은 일이라도 판단을 달리한다. 연애와 약혼은 시작이다. 결혼에 이르면 남녀의 관계는 더 복잡하고 다양해진다. 본격 가족법의 세계로 들어서는 것이다.

민법 제2조(신의성실)
① 권리의 행사와 의무의 이행은 신의에 좇아 성실히 하여야 한다.
② 권리는 남용하지 못한다.

제554조(증여의 의의)
증여는 당사자 일방이 무상으로 재산을 상대방에 수여하는 의사를 표시하고 상대방이
이를 승낙함으로써 그 효력이 생긴다.

제800조(약혼의 자유)
성년에 달한 자는 자유로 약혼할 수 있다.

제803조(약혼의 강제이행금지)
약혼은 강제이행을 청구하지 못한다.

제806조(약혼해제와 손해배상청구권)
① 약혼을 해제한 때에는 당사자 일방은 과실 있는 상대방에 대하여 이로 인한 손해
의 배상을 청구할 수 있다.
② 전항의 경우에는 재산상 손해 외에 정신상 고통에 대하여도 손해배상의 책임이
있다.

결혼은 계약이다

2

결혼한 이여,
그 무게를 견뎌라

결혼은 두 개의 서로 다른 인격이 가정이라는 하나의 공동체를 만들겠다는 장기 계약이다. 장밋빛 미래를 약속하기 마련이지만, 어떤 일들이 기다리고 있을지 누구도 알 수 없다. 각자 별개의 가정에서 살아온 두 사람이 한 공간에 있는 것만으로도 이미 위험한 일이다. 부딪혀 상처를 입거나 상대에게 상처 입히지 않기 위한 최소한의 가이드라인이 혼인 관계에 관한 법률이다. 그러니 어느 정도는 알고 시작해야 하지 않겠는가. 게다가 법률이 이미 있는 이상 따르는 것은 법적인 '의무'이다. 몰랐다는 이유로 용서받을 수도 없다.

손을 잡고 미지의 세계로

"검은 머리 파뿌리 되도록, 기쁠 때나 슬플 때나 함께하며……."

 이 진부한 주례사는 오래되어 식상하다는 점이 문제가 아니라, 부부가 될 두 사람에게 결혼이란 무엇인지 하나도 알려주지 않는다는 게 문제이다. 그러면서 뻔한 약속을 강요한다. 그렇게 대부분의 부부가, 어떤 곳인지도 모르는 채 미지의 세계로 첫발을 내디딘다. 신랑 신부에게 서로를 사랑하느냐고 묻다니, 어리석은 질문이다. 결혼하는 이유와 결혼의 내용을 혼동하는 것이다. 동기는 사랑일 수도 다른 것일 수도 있다. 환웅이 웅녀를 아내로 맞은 이후 5000여 년 동안 얼마나 많은 부부가 이 땅에 살았던가. 불과 두 세대 전인 1950~1960년대만 해도 결혼식 당일에야 서로의 얼굴을 아는 일이 흔했다. 그러니 결혼의 동기가 사랑이 아닐 수도 있지 않은가? 시절이 많이 달라졌다고 하지도 말라. 지금도 결혼 중개업체에 가면 제일 먼저 등급부터 매긴다.

왜 결혼하는지는 동기의 문제이다. 흔히 사랑하면 혹은 다른 조건이 잘 맞으면 결혼까지 성공적일 수 있다고 확신에 찬 오해를 한다. 최신 IT 기기로 무장한 20대 남성이 이혼 상담을 하러 와서 아내에 대해 불만 섞인 목소리로 '며느리 노릇' 운운하는 걸 보면 결혼에 대한 인식은 그다지 바뀌지 않은 듯하다. 가정이 위기라면서 변호사에게 털어놓는 이야기 속에는 결혼이 무엇인지 몰랐다는 자백이 꼭 들어 있다. 법률 조문까지 꿰고 있기를 바라지는 않지만, 어느 정도는 알고 시작했어야 하는데!

아니다, 각자 머릿속에서 숨쉬던 세상이 달랐을 뿐이다. 그러니 두 세상이 하나로 합쳐지기 어렵다. 하느님과 아담의 손가락이 맞닿으려는 미켈란젤로의 〈천지창조〉에서처럼, 서로 다른 방향에서 온 두 마음이 어느 지점에서 '만나야' 한다. 그때부터 가정이라는 세계를 만들어 가는 것이다. 만약 어긋나면 스쳐 지나가 멀어져 버린 상대방을 물끄러미 뒤돌아봐야 한다.

뭘 법까지 알아야 하느냐고? 다시 한 번, 아니, 두 번 세 번 강조해도 부족하다. 결혼은 결코 쉬운 일이 아니기 때문이다. 공주와 왕자까지는 아닐지언정 각자의 가정에서 평생을 살아왔다. 어느 집안이건 나름의 전통이나 관습이 있다. 독립국가에서 그 나라만의 법률에 따라 살았던 것과 마찬가지이다. 남자는 부엌에 들어가면 안 된다는 시대착오적인 사고방식이 어떤 집에서는 당연한 일이었을 것이다. 귀한 딸이니 손에 물 한 방울 묻히면 안 된다며 고이고이 자랐을 수도 있다. 그런 두 사람이 만나 하나의 새로운 가정을 만든답시고 갑자기 서로를 받아들이려니 얼마나 힘들겠는가? 최소한의 공통분모로 법은 어떻게 정하고 있는지 정도는 알아야 하지 않겠는가.

한솥밥을 먹는다는 것, 한 이불을 덮는다는 것

결혼은 우선 서로 결혼하겠다는 뜻이 일치해야 하고, 형식적으로는 혼인신고를 거쳐야 한다. 세상 사람들이 보기에 부부라고 인정할 만한 정신적·육체적 결합을 하겠다는 뜻이 있어야 한다는 것이다(대법원 1975. 5. 27. 74므23). 부부가 되겠다는 뜻을 결혼식장에서 주례와 하객에게 밝힌 것으로는 부족하다. 혼인신고서를 써서 담당 공무원에게 내고, 접수가 될 때까지 같은 뜻을 유지하고 있어야 한다(대법원 1996. 6. 28. 94므1089). 만약 혼인신고서를 내기 전에 어느 쪽이라도 마음이 바뀐다면, 혹시라도 실수로 혼인신고를 했더라면 결혼한 것이 아니다(대법원 1983. 12. 27. 83므28). 즉 내용과 형식이 일치해야 법적 효과를 인정받을 수 있다.

정신적·육체적 결합이란 어떤 걸 가리키는 것일까? 민법 제826조 제1항은 "부부는 동거하며 서로 부양하고 협조하여야 한다"라고 의무를 정하고 있다. 한솥밥을 먹고 한 지붕 아래에서 잠들라는 것이다. 서로가 서로를 먹여 살려야 할, 이를 위해 힘을 모아야 할 의무가 있다는 것이다. 여기에 따로 법조문은 없지만 본질적으로 정조의무가 따른다. 동거·부양·협조·정조 네 가지가 결혼에 따른 권리이자 의무인 것이다. 두 사람 사이의 약속으로 권리와 의무를 만든다는 점에서 결혼은 법으로 보호하는 일종의 '계약'이다.

한편, 법적인 관계라는 사실을 확인해주는 다소 당황스러운 법조문이 있다. 민법 제826조 제2항은 어디서 동거할지 부부가 협의해서 정하도록 하면서, 협의를 이루지 못하면 가정법원이 정해주겠다고 한다. 요즘 집값이 만만치 않은데 신혼집을 마련해준다는 소리라면 얼마나 좋겠는가. 그게 아니라 남편이나 아내 중 한 사람이 거부하면 다른 한 사람이 법원에 끌고 가서 어느 장소에서 살지 정해달라고 요구할 수 있다는 것이다. 물론 끝까지 거부하는데 억지로 한집에 가둬놓을 수는 없다. 대신 이혼 사유가 된다. 혹은 이혼하는 대신 정신적 손해를 이유로 손해배상을 청구할 수도 있다.

각자 직장과 학업 때문에 주말부부로 지내다가, 지방 근무를 하던 남편이 직장을 옮겨 동거하려고 했는데도 아내가 이를 거부했던 일이 있었다. 동거의무를 어겼으며, 함께 살기 위해 필요한 협력의무도 지키지 않았으니 법에 어긋난다. 법원은 아내의 잘못을 인정하며 정신적 피해에 대한 손해배상으로 위자료를 지급하라고 했다(대법원 2009. 7. 23. 2009다32454).

동거의무와 관련한 더 심각한 사회적 논쟁도 있었다. 부부 사이라도 잠자리를 강요하면 강간죄를 적용할 수 있느냐는 것이었다. 누군가를 범죄자로 처벌하려면 그 사람의 행동을 형법에 적혀 있는 죄로 볼 수 있느냐 하는 점부터 따진다. 나쁜 짓처럼 보인다고 마구잡이로 감옥에 넣는다면 불안해서 살 수 없지 않겠는가. 죄와 벌은 미리 법으로 정해놓아야 한다는 원칙을 만들어놓았는데, 이를 '죄형법정주의'라고 한다.

먼저 법이 어떤지 보자. 2012년 형법이 바뀌기 전까지 강간죄는 '폭행 또는 협박으로 부녀를 강간한 자'라고 되어 있었다. 다음으로 누군가의 행동이 이 조문에 해당하는지를 하나하나 따지는 것이다. 공무원만 뇌물죄를 저지를 수 있는 것처럼 주체가 특별한 신분이어야 하는 경우도 있지만, 강간죄의 주체에 대해서는 그런 제한이 없다. 남편도 죄를 지을 '자격'이 있다. 다른 사람의 몸에 일정한 힘을 가하면 폭행이고, "죽여버리겠다"라고 말하는 것처럼 공포심을 불러일으키게 만들면 협박에 해당된다.

그럼 논란이 된 부분은 무엇일까. 부부 사이 강간죄를 인정할 것인지에 대해서는 우선 범죄의 대상, 객체인 '부녀'에 '아내'가 들어가느냐 하는 점이었다. 그런데 부녀란 여자를 가리킨다. 어른이든 아이든, 결혼했든 안 했든 마찬가지이다. 아내를 제외한다는 법이 없는 이상 당연히 부녀에 해당한다고 법원은 판단했다. 다음은 동거의무와 충돌하지 않는지 살펴봤다. 성범죄를 처벌하는 이유는 자유롭고 독립적인 개인으로서 누려야 할 성적 자기결정권을 보호하기 위한 것이다. 그런데 동거의무는 다른 사람의 강요가 아닌 스스로 자유롭게, 자유를 제한한 것 아니냐는 주장이 있었기 때문이었다. 하지만 동거의무를 지겠다고 해서 폭행이나 협박에 따른 성관계까지 참아내겠다는 뜻으로 볼 수는 없을 것이다. 법원은 남편을 강간죄로 처벌했다(대법원 2013. 5. 16. 2012도14788). 참고로 2012년 이후 강간죄 조문은 '폭행, 협박으로 사람을 강간한 자'로 바뀌었다. 어느 누구도, 어느 누구에게나 성을 강요할 수 없다는 사실을 분명하게 한 것이다. 아내 역시 남편을 강간하면 처벌받을 수 있다는 뜻이다.

'시월드'는 존재하지 않는다

'시집가다', '장가가다'는 '결혼' 대신 자주 쓰이는 말들이다. 이는 각각 남편의 부모님 집이나 아내의 부모님 집으로 들어간다는 뜻으로, 결혼을 당사자 중심이 아닌 집안 중심으로 보던 옛 시절의 유물이다. 그런데 아내는 시집으로, 남편은 처가로 가버리면 함께 살 수 없지 않은가. 어디로 가는 것이 법의 취지에 맞을까?

먼저 2007년까지 유지됐던 호주제에 대해 알아보아야 한다. 호주란 한 집안의 주인이라는 뜻이다. 집안의 대를 잇는 남자 어른이 호주가 되고, 그는 가족을 부양할 권리와 의무가 있다. 재산관계는 물론이고, 가족 구성원의 결혼에 대해서도 큰 목소리를 낼 수 있었다. 호주제가 있는 동안 결혼이란 다른 집안의 여성을 가족으로 받아들여 호적에 올리는 일이었다. 그러니까 2007년까지는 시집을 가는 것이 법적으로도 맞는 말이었다. 그 집안에서 아이를 낳으면 나중에 이혼하더라도 원칙적으로 그 아이는 그 집 호적에 남아야 했다. 혹시 남편이 일찍 세상을 떠나면 아들이 호주가 되고, 어머니가 그 아래로 들어갔다.

참으로 21세기에 맞지 않는 황당한 일이 아닐 수 없다. 헌법재판소는 2005년에야 비로소 호주제는 정당한 이유 없이 남녀를 차별하는 평등원칙 위반이기에 헌법 위반이라고 판시했다. 헌법재판소의 위헌 결정이 있으면 그때부터 법률이 없어진 것으로 친다. 국회는 구멍이 난 법전을 메워야 할 의무가 생기는 것이다. 국회는 2008년부터 호주제

대신 가족관계등록부를 작성하는 것으로 민법을 바꾸어서 호주라는 존재 자체를 없애버렸다. 이제는 남녀를 가리지 않고 태어나서 죽을 때까지 겪는 일을 사람별로 가족관계등록부를 만들어 적는다. 여성이 결혼하면 자신의 가족관계등록부에 남편의 이름을 적는다. 남성도 마찬가지이다. '시월드'는 법적으로 이미 사라졌다. '시집가다', '장가가다'도 이제는 틀린 말이다.

물론 여전히 양쪽 집안이 일정한 관계로 맺어지기는 한다. 우선 결혼으로 친족의 범위가 넓어진다. 각각 상대방의 4촌과 그 4촌의 배우자까지 인척, 그러니까 혼인으로 인한 친척이 되는 것이다. 보통 시아버지, 시어머니, 시누이라고 부르지만, 법적으로는 모두 인척일 따름이다. 이혼하면 인척관계도 없어진다. 하지만 결혼 생활 도중에 한 사람이 세상을 떠난다면 남은 사람이 재혼하지 않는 한 유지된다. 다만, 의무에서는 차이가 있다. 아들은 나이 든 부모에 대한 직접적인 부양의무가 있다. 그러나 아들이 사망했다면 그 아내는 재혼하지 않아 비록 인척관계가 유지되더라도 시부모에 대한 직접적인 부양의무는 없다(대법원 2013. 8. 30. 2013스96). 한집에서 살지 않는 한 생계를 돕지 않아도 된다.

시부모 혹은 처부모에 대한 법률 용어는 '배우자의 직계존속'이다. 그러니까 남편 또는 아내의 아버지, 어머니인 것이다. 그분들을 소홀히 여기라는 뜻이 결코 아니다. 지금의 결혼이나 가족 관계는 어디까지나 '부부를 중심'으로 한다는 것이 법이라는 사실을 먼저 기억하자는 것이다. 이것을 서로 인정해야 집안을 둘러싼 크고 작은 갈등을 줄일 수 있을 것이다.

부부의 '딴 주머니'는 합법이다

문재인 정부가 외교부 최초의 여성 수장으로 강경화 장관을 내정했을 때 기혼 여성들이 특히 환호했다. 세 딸 중 맏딸로서 경제력이 없는 친정 부모님을 자신이 부양했고, 이를 위해 결혼할 때부터 남편과 별도로 재산 관리를 했다는 점도 한 이유가 되었다. 일하는 여성으로서의 당당한 모습과 이를 인정해준 남편에 대해서도 사람들은 갈채를 보냈다. 아직도 결혼한 여성이 자신의 부모님을 챙기면서 눈치 보는 일이 많다는 방증이다.

법은 어떨까? 대개 법률은 보수적이기만 할 거라고 생각하기 쉽지만, 그렇지 않다. 특히 가족법은 남녀평등이라는 가치에 충실하고자 노력하고 있다. 강경화 장관처럼 부부는 혼인 중의 재산관계에 대해 미리 정하는 계약을 할 수 있다(민법 제829조 제1항). 예를 들어 각자의 수입은 각자 관리한다든가, 집 명의를 누구 이름으로 할 것인지 말이다. 부부재산계약서를 작성해 등기부에 올릴 수도 있다. 단, 주의할 점은 몇 가지 있다. 부부의 재산관계에 대한 것이니 결혼 전 혹은 헤어진 다음 재산관계를 어떻게 할지를 미리 정해놓지 못한다. 이혼하면 재산의 절반을 누가 갖는다는 식의 계약은 '미리' 할 수 없다는 뜻이다. 부동산처럼 별도의 등기가 있을 때는 그 절차도 밟아야 한다. 그리고 부부 사이 재산에 관해 법이 정해놓은 원칙까지 계약으로 바꿀 수는 없다.

어떤 원칙들이 있을까? 한마디로 '딴 주머니' 차는 것이 원칙이다. 결혼 전부터 가졌던 재산이나 결혼 이후에 각자 벌어들인 재산은 각자의 것이다. 그러니 각자의 재산을 각자 관리하고 사용하는 것, 수익을 얻는 것도 각자의 몫이다(민법 제830조). 그러므로 설령 살고 있는 집을 누구 한 사람의 명의로 등기했다고 할지라도, 실제 돈을 낸 사람이 따로 있다는 사실을 밝히면 그 사람의 것이라고 본다(대법원 1990. 10. 23. 90다카5624). 너무 계산적일까? 아니다. 가까운 사람일수록 돈 문제는 정확해야 한다. 부부만큼 가까워야 할 사이는 없다.

꽉꽉하다고 여기지 말자. 살면서 꼭 필요한 살림살이, 먹거리, 입을 거리를 장만한 것이라면 부부의 공동 소유로 본다. 생활비도 공동으로 부담하고 말이다(민법 제833조). 요즘 젊은 커플들은 '데이트 통장'을 만들어 함께 쓰는 비용을 그 통장에서 지출한다고도 하는데, 결혼 후에도 그렇게 하는 것이 원칙이다. 물론 경제적 능력에 따라 나눠 내는 것이니까, 한쪽이 수입이 없으면 다른 한쪽이 전적으로 부담한다. 그렇다고 누구는 소고기를 먹으면서, 수입이 없는 쪽에게는 채소만 먹으라고 할 수 있을까? 안 된다. 서로 부양의무가 있다고 했지 않았나. 부부 사이 부양은 '내가 누리는 것과 똑같은 정도'이다. 내 배만 불리면 불법이다.

남편의 대리, 아내의 대리

큰 회사 사장님은 무슨 수로 그 많은 일을 할 수 있을까? 여러분도 알다시피 사장님 혼자 다 하지는 않는다. 업무의 범위를 정해 다른 사람에게 일을 일부분 맡기는데, 그걸 가능하게 해주는 제도가 '대리'이다. 영업사원이 일감을 따오지만 물건을 납품할 의무와 대금을 받을 권리가 생기는 것은 사장님이다. 물건을 만들기 위해 총무와 직원이 원자재를 사는 것도 사장을 대리한 행위이다.

법에서도 어떤 행동을 하는 사람과 그 행동의 법적 효과를 받는 사람이 따로 있다. 그렇게 해서 경제활동의 영역을 넓힐 수 있도록 제도적 장치를 만든 것이다. 회사처럼 누군가에게서 권한을 받아 이뤄지기도 하고, 아이가 받은 세뱃돈을 부모가 대신 관리할 수 있는 것처럼 법이 정해놓은 대리도 있다.

부부끼리도 일상생활에 필요한 일을 서로 대리할 수 있다(민법 제827조). 그도 그럴 것이 퇴근길에 저녁 찬거리를 사는 남편이 있다고 생각해보자. 절반가량은 아내의 입으로 들어갈 것이다. 그렇다고 마트에서 두부나 콩나물을 사려는데 계산대 직원이 아내의 허락을 받았는지 일일이 확인할 수는 없지 않은가. 이른바 '일상가사대리권'이 있다. 법원은 수시로 해야 하는 일이며, 부부공동체를 유지하는 데 필요한 것이라면 일상가사로 서로 대리할 수 있다고 한다(대법원 1966. 7. 19. 66다863).

구체적인 사례를 보자. 식료품이나 옷가지를 마련하고, 전기요금, 수도요금 따위의 공과금을 납부하거나, 아이의 교재비, 학원비를 내는 정도는 당연하다. 조금 더 커다란 문제로 거주하는 집이라면 어떨까? 남편 명의로 분양을 받았지만, 실제로 가족이 살고 있다면 아내가 분양대금을 내기 위해 돈을 빌린 것은 일상가사의 범위라고 봤다(대법원 1999. 3. 9. 98다46877). 일상가사로 인정되면 책임도 함께 진다는 뜻이다. 아내가 돈을 갚지 않으면 남편이 갚아야 한다.

그러면 어떤 경우를 일상가사로 보지 않을까? 살기 위해서가 아니라 투자를 목적으로 마련한 주택 대금이라면 인정하지 않았다(대법원 1997. 11. 28. 97다31229). 교회 건축 헌금이나 곗돈, 연대보증처럼 살림살이에 꼭 필요하지 않은 목돈도 마찬가지이다. 승용차를 사기 위해 빌린 돈도 안 된다고 봤다(대법원 1985. 3. 26. 84다카1621). 물론 1980년대 법원의 시각인 만큼 앞으로 바뀔 수는 있다. 대법원의 판단은 1, 2심 재판에 기준으로 작용하지만, 절대적인 것은 아니다. 시대에 따라 달라질 수도 있고, 개인 사정에 따라 달리 볼 수도 있다. 하는 일에 따라 밤늦게 혹은 새벽에 출퇴근을 한다면 승용차가 꼭 필요할 수도 있으니까. 그런데 거래 상대방이 남의 집안 사정까지 모두 알 수는 없다. 경우에 따라 실제로는 대리할 권한이 없지만 겉보기에는 있어 보일 수도 있다. 이럴 땐 어떻게 해야 할까? 법은 상대방 입장에서 '믿을 만했느냐'를 기준으로 삼는다.

두 가지 경우를 비교해보자. 아내가 남편의 인감도장, 인감증명서, 주민등록등본을 가지고 있고, 인감증명서 용도는 백지로 되어 있었다. 주변 사람들에게서 부부 사이가 좋은데, 집안에 돈 쓸 일이 생겼다는 이야기를 들었다. 그런 상황에서 아내가 부동산을 담보로 제공했다. 또 다른 경우는 부동산을 담보로 돈을 빌렸는데 아내가 남편 몰래 도장을 가지고 나왔고, 등기부등본이 아닌 분양계약서와 유효기간이 지난 인감증명서만 있었다.

짐작하겠지만 앞선 경우는 원래 대리권이 없었다 할지라도 거래 효력을 인정했고, 뒤의 경우는 효력이 없다고 봤다. 상대방이 얼마나 믿을 만했느냐를 따진 것이다. 효력이 없다고 하면 아내가 돈을 갚지 않는다고 남편에게 달라고 할 수 없다는 뜻이다. 물론 아내를 아끼는 마음에 자발적으로 갚는 일이야 막을 수 없지만 말이다. 어느 연예인의 배우자가 큰 빚을 졌는데, 그 연예인이 '도의적 책임'을 지겠다고 하는 뉴스를 본 적이 있을 것이다. 가사를 위한 돈이 아니었으므로 배우자라도 법적으로 책임을 지지는 않기 때문이다. 이처럼 서로에게 매우 무거운 일이 결혼이므로 조심스러워하는 것이 당연하다. 그런데 결혼이 정말 잘못된 선택이었다면, 그 무게가 못 견디게 무겁다면, 100세 시대에 참고만 살 수는 없다. 또 그래서는 안 된다. 벗어날 수 있는 길이 있으니 다음 장에 이어지는 법을 참조해보라.

민법 제826조(부부간의 의무)

① 부부는 동거하며 서로 부양하고 협조하여야 한다. 그러나 정당한 이유로 일시적으로 동거하지 아니하는 경우에는 서로 인용하여야 한다.

② 부부의 동거 장소는 부부의 협의에 따라 정한다. 그러나 협의가 이루어지지 아니하는 경우에는 당사자의 청구에 의하여 가정법원이 이를 정한다.

제827조(부부간의 가사대리권)

① 부부는 일상의 가사에 관하여 서로 대리권이 있다.

제829조(부부 재산의 약정과 그 변경)

① 부부가 혼인 성립 전에 그 재산에 관하여 따로 약정을 하지 아니한 때에는 그 재산 관계는 본관 중 다음 각조에 정하는 바에 의한다.

제830조(특유재산과 귀속불명재산)

① 부부의 일방이 혼인 전부터 가진 고유재산과 혼인 중 자기의 명의로 취득한 재산은 그 특유재산으로 한다.

② 부부의 누구에게 속한 것인지 분명하지 아니한 재산은 부부의 공유로 추정한다.

적과의 동침

3

결혼도
취소가 가능해

연애, 동거, 사실혼, 결혼. 뭐가 어떻게 다른 것일까? 누군가의 행동이 법적으로 어떤 의미를 갖는지 판단할 때는 두 가지를 살핀다. 어떤 의도를 갖고 있는지, 밖으로 드러난 행동이 다른 사람들의 눈에 어떻게 비치는지. 결혼 역시 마찬가지이다. 두 사람의 삶을 반드시 국가에 신고해야 하는 것은 아니다. 다만, 법과 제도의 보호를 받으려면 국가에 알려야 한다. 그런데 공식적인 관계를 만들어놓고 보니 심각하게 잘못된 선택이었다면 어떻게 할까? 이혼을 떠올리기 마련이지만, 더욱 강력하게 아예 원점으로 되돌릴 방법도 있기는 하다.

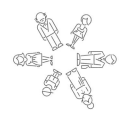

연인과의 약속을 지킨 의리의 몽룡

고위 공직자의 아들인 '금수저' 공시생 몽룡은 어느 봄날 운명을 만난다. 꽃잎처럼 치맛자락 나부끼던 그녀는 관기, 그러니까 문체부 하급 공무원의 딸 춘향이다. 스치듯 짧은 순간 불꽃이 일었고, 그날 밤 몽룡은 야간학습을 제치고 춘향의 집을 찾았는데, 몇 마디 말을 섞어보니 시원시원한 성격과 조목조목 빈틈없는 지적 능력이 몽룡을 불태웠다. 당장 하늘에 술잔을 올리고 백년가약을 맺었다. 춘향의 방이 신방으로 바뀐 것이다.

그 후 몽룡은 일 년여 동안 제집 드나들듯 춘향을 찾았는데, 아뿔싸, 부친의 지방 근무가 끝나버렸다. 홀로 남겨질 처지가 되어버린 춘향은 화를 억누르지 못해 살림살이를 때려 부수다가 의미심장한 질문을 던졌다. "후대에 나를 기려 '미스 춘향' 대회가 만들어지기는 하겠지만, 서울은 '미스 코리아'를 뽑는 곳. 그만큼 여인들이 넘쳐날 텐데 호르몬 넘치는 당신을 믿을 수 있겠느냐?" 그리고 이어지는 이야기는 모두가 아는 대로.

모든 법을 꿰뚫는 하나의 단어를 꼽으라면 '믿음'이다. 법은 사람들 사이의 약속인 만큼 가장 보편적인 원리는 민법에 들어 있다. 민법 제2조는 "권리의 행사와 의무의 이행은 신의에 좇아 성실히 하여야 한다"라고 규정하고 있다. 다른 사람의 정당한 이익을 해치지 않도록 믿음을 지키라는 신의성실의 원칙이다. 함부로 말을 바꾸지 말라는 뜻으로 '금반언의 원칙'으로도 불린다. 이를테면 아내가 집을 나가 다른 남자와 재혼을 했고, 가족관계등록부에서 남편 이름까지 지웠다. 그런데 남편이 사망하자 갑자기 남편 재산에 대한 상속인이라며 나서는 것은 법이 허용하지 않는다(대법원 1993. 9. 28. 93다26007).

신의성실의 원칙은 이처럼 민법에서 출발해 가족법은 물론, 국가기관과 국민 사이의 관계를 정한 행정법의 원칙이기도 하다. 국가가 어떤 땅을 주택지로 지정하겠노라 밝혔다면 국민은 그걸 믿고 그 위에 집을 지을 수 있어야 한다. 미리 어떤 행동이 얼마만큼의 죄에 해당하는지 정해놓아야 처벌할 수 있다는 형법의 죄형법정주의 역시 국민의 믿음을 지키기 위한 것이다. 그러니 '법 없이도 살 사람'이란 다름 아닌 약속을 잘 지키는 사람이다. 장원급제라는 어마어마한 타이틀에 필경 달라붙었을 중매쟁이들을 뿌리치고 춘향에게 돌아간 몽룡이라는 사내처럼 말이다.

자유와 평등은 가족에서부터

더구나 몽룡은 사회적·경제적 계급의 벽도 뛰어넘었다. 변학도에게서 춘향을 구한 몽룡은 춘향과 정식으로 혼례를 치른다. 춘향의 부친이 양반이었으니 불가능한 일은 아니었지만, 그래도 파격이었다. 춘향 역시 인권운동가였다. 지금으로 치면 사법권과 행정권을 모두 가지고 있던 권력자 변학도에게 당당히 성적 자기결정권을 주장했다. 왕이 '정렬부인'이라는 칭호까지 지어주며 둘의 사랑을 인정하는 것으로 결론을 맺는 소설적 장치도 그에 한몫했다. 얼마나 선진적인가. 바다 건너 비슷한 또래의 사랑이 죽음으로 막을 내린 것과 비교해보라(로미오와 줄리엣). 남녀 관계라는 소재를 빌려 우리 선조들은 자유와 평등을 외쳤던 것이다.

300여 년 뒤 후손들은 지금의 헌법에 이렇게 적었다. 혼인과 가족생활은 개인의 존엄과 양성의 평등을 기초로 성립되고 유지되어야 하며, 국가는 이를 보장한다(제36조 제1항). '개인의 존엄'과 '양성의 평등'을 보장하기 위해 그 자세한 내용을 가족법, 양성평등기본법 같은 법률로 만들었고, 여성가족부를 두어 뒷받침하고 있다. 가족은 가장 작은 단위의 사회이다. 국가라는 큰 틀도 거기서부터 시작된다. 남녀 관계야말로 세상 모든 문제의 시작과 끝인 셈이다. 사실 헌법 자체가 자유와 평등을 시작으로 한 인권을 보장하기 위해 만들어졌다. 인권이 맨 먼저고 그다음에 통치 구조, 사회와 경제를 유지하는 각종 질서 등을 헌법의 내용으로 정했다. 법이라는 이름으로 잘못된 일이 행해질 때, "사람 나고 법 났지, 법 나고 사람 났느냐?"라는 항변은 그래서 맞는 말이다.

헌법 제10조는 "국가는 개인이 가지는 불가침의 기본적 인권을 확인하고 이를 보장할 의무를 진다"라고 선언한다. '확인'이라는 단어에는 먼저 존재한다는 전제가 깔려 있지 않은가. 국가가 법을 만들어줘서 비로소 인권이 생겨난 것이 아니라는 뜻이다. 이미 있는 인권을 잘 지키고 잘 키우는 것이 국가의 역할이다. 가족에 관한 제도와 법률 역시 이와 같은 구조로 만들어졌다.

열여섯 춘향과 몽룡은 부부였을까?

하지만 결혼하면 혼인신고를 해야 하고, 가족관계등록부에 적는다는 사실이 싫을 수 있다. 국가가 보장해주는 건 좋은데 왠지 간섭처럼 느껴지니까. 결혼 생활이 일찌감치 잘못되면 어떡하나 걱정이 너무 많은 사람도 있다. 자칫 잘못하면 이혼소송 변호사만 좋은 일이 되는 게 아닌가 싶어 혼인신고를 한 발 살짝 뒤로 빼놓을 수도 있다. 아니면 그저 일상이 너무 바빠 구청에 들르지 못했을 수도 있다. 그럴 때도 법은 부부로 인정해줄까? 이른바 '사실혼'의 문제가 생긴다.

우리 법원은 혼인신고를 꼭 해야만 인정할 수 있는 경우를 빼면 모두 혼인이라고 인정한다. 법률혼에 준한다고 해서 준혼 관계라고 보는 것이다. 다만, 사실혼으로 인정받으려면 당사자들이 진심으로 결혼 생활을 하고자 원하고 실천해야 한다. 객관적·상식적인 눈으로 볼 때 부부로 살고 있는 것으로 보여야 한다(대법원 1995. 3. 28. 94므1584). 상황극 〈우리 결혼했어요〉를 찍는다고 아무도 사실혼으로 인정하지 않는다. 흔한 오해가 사실혼과 동거를 헷갈리는 것이다. 결혼과 사랑이 동의어는 아니라고 하지 않았는가. 단순한 동거나 애정 관계만으로 부부로 살고 있다고 볼 수 없다(대법원 1984. 8. 21. 84므45).

그럼 춘향과 몽룡은 어떤 관계일까? 춘향의 어머니 월매와 함께 향단, 방자가 술잔을 나눠 마시며 혼인의 증인이 됐다. 원작은 열여섯 살짜리라고는 상상할 수 없을 만큼 뜨거운 첫날밤을 묘사한다. 문제는 그 후 1년 동안의 생활이 공백이라는 점이다. 둘이 얼마나 부부처럼 살았는지 알 수 없다. 다만, 춘향이 변학도에게서 수청을 들라는 요구를 받았을 때 기혼자라고 밝혔고, 주변 사람들 역시 그 사실을 알았던 것으로 보인다. 몽룡의 부모만 까맣게 몰랐다. 부모와의 관계 문제는 잠시 후 짚어보고, 사실혼으로 돌아가자.

사실혼 관계도 부부라 볼 수 있으니 동거·부양·협조·정조의 의무가 있다. 혼인 생활의 비용을 나눠 내고, 일상가사도 대리할 수도 있다(2장 참고). 공동생활에 필요해서 진 빚이라면 같이 책임을 지는 것도 마찬가지이다(1980. 12. 23. 80다2077). 특별한 이유 없이 일방적으로 사실혼을 깨버리면 '불법행위로 인한 손해배상책임'을 져야 한다(1970. 4. 28. 69므37). 오랫동안 사실혼 관계에 있었다면 함께 사는 동안 모은 재산을 나눠 가지는 것도 당연할 것이다(1995. 3. 10. 94므1379).

앞엣것들은 법원이 법률 해석을 통해 인정한 것들이고, 아예 법으로 권리를 정해놓은 경우도 있다. '근로기준법, 공무원연금법, 군인연금법,

선원법, 국가유공자 등 예우 및 지원에 관한 법률' 등은 연금 수령권자로 '사실혼의 배우자'를 포함시키고 있다. 뉴스에서 자주 접하다시피 군인, 경찰, 소방관 등은 국가와 사회를 위해 위험한 일을 하다 안타까운 일을 겪을 수 있다. 미처 혼인신고를 하지 못한 채 전장에라도 나섰던 것이라면, 국가가 남은 가족의 생계를 돌봐줘야 도리가 아니겠는가.

법의 보호를 받을 수 없는 사랑

사실혼은 법률혼과 무엇이 다를까? 가족관계등록부에 적어야 국가가 비로소 알 수 있는 문제에 대한 것들이다. 우선 자식이 생겼을 때가 문제이다. 어머니가 누군지는 분명하지만 아버지는 그렇지 않다. 진짜 자식이라 해도 아버지를 아버지라 부를 수 없다. 자식으로 인정받으려면 법적 과정을 거쳐야 한다(이를 '인지'라고 한다). 가족의 범위가 부부를 넘어 확장되지 않는 점도 다르다. 법률혼이라면 양쪽 집안 4촌들끼리 인척이 되지만 사실혼은 그렇지 않다.

또한 법률혼일 때 부부 중 한 사람이 질병이나 노환으로 경제·사회 활동을 할 수 없으면 다른 사람이 후견인이 될 수 있다. 하지만 사실혼 관계라면 안 된다. 친인척이 없는, 돈 많은 누군가가 갑작스레 의식을 잃고 쓰러졌다고 치자. 여기저기서 자신이 숨겨진 아내, 남편이라며 재산을 누리겠다고 나서지 않겠는가. 법원이 진실을 파악하기 어려운 만큼 아예 주장 자체를 못 하도록 막아놓았다.

드물지만 법률혼과 사실혼이 겹칠 때도 있다. 아침 드라마에 종종 나오는 소재로, 배우자가 집을 나가 다른 사람과 살림을 차리는 경우이다. 짐작하겠지만 원래의 법률혼이 남아 있는 한 사실혼 부부를 법이 인정해줄 수 없는 노릇이다. 법원은 그런 일이 벌어진 지 아주 오래되어 법률혼이 '사실상 이혼 상태'라면 사실혼 관계에 우선권을 줄 수 있다고는 한다. 하지만 말은 그렇게 하면서도 딴살림 차린 지 무려 20년이 지났어도 여전히 법률혼만 인정한다고 판결했다(대법원 1996. 9. 20. 96므530).

무엇보다 사실혼 배우자가 받는 가장 큰 불이익은 '상속'이다. 사람은 누구나 빈손으로 왔다 빈손으로 떠나고, 남겨진 재산은 살아 있는 사람들의 몫이다. 생전에 혹은 유언으로 어느 정도 정리를 해놓지 않으면 법률에 정해진 대로 나눠 갖는다(자세한 내용은 12장에서 다루기로 하자). 그런데 사실혼 배우자는 서류에 등장하지 않는다. 망자에게 물어볼 수도 없는 노릇이다. 그래서 법은 사실혼 배우자에게는 상속받을 자격을 주지 않는다. 원래부터 내 돈이 아니었던 것이니 아쉽지만 억울하다고 말할 수 없을지도 모른다. 그런데 억울한 사정이 속속 생겨나고 있다.

고령화 사회로 접어들면서 황혼 이혼과 황혼 결혼이 늘어났다. 문제는 각자에게 혹은 어느 한쪽에게 자녀들이 있는 경우이다. 자녀들이 노년의 부모가 재혼하는 것을 못마땅하게 여기는 여러 이유 가운데 하나가 상속관계가 복잡해지는 상황 때문이다. 부모의 재산을 탐내는 못된 자식들이라고 할 수도 있지만, 이게 현실이다. 게다가 실제로 결혼을 빌미로 재산을 노리는 범죄가 벌어지기도 한다. 그러다 보니 혼인신고를 하지 않고 사실혼으로 지내는 고령 커플들이 많아졌다.

어느 60대 사실혼 커플이 있다. 두 분은 자식들을 모두 결혼시키고 홀가분하게 노년의 사랑을 가졌다. 각자 모았던 재산을 합쳐 조그마한 장사를 하면서 말년을 함께했다. 그렇게 10년, 20년을 지내다 어느 날 한 분이 먼저 병상에 누웠다. 이때 정정한 다른 분 명의로 된 재산이 없다면 어떻게 될까? 꽤 오랫동안 공동생활을 했고, 그 재산은 두 분이 함께 키우고 유지했는데 말이다. 이를테면 사는 집이 남편 이름으로만 되어 있다면? 그대로 남편이 사망하면 남은 아내는 법적으로 한 푼도 물려받지 못할 수도 있다. 다행히 남편의 자식들이 권리를 인정해주면 모를까 '법대로' 하자고 나서면 늙은 아내는 길바닥에 나앉아야 한다. 방법이 없는 것은 아니다. 사실혼이더라도 헤어질 때 함께 모았던 재산을 나눠 가질 수 있다고 했으니, 의식을 잃고 병상에 누워 있는 사람을 상대로 이제는 부부로 살지 않겠노라며 재산을 나눠달라고 요구하면 된다(대법원 2009. 2. 9. 2008스105). 그러니까 사실혼 배우자가 쓰러졌을 때 법원으로 달려간 사람은 재산을 챙길 수 있지만, 눈물로 병상을 지킨 사람은 또 눈물을 흘릴 수밖에 없다는 거다. 잔인한 법이 아닐 수 없다. 고령화 사회에 맞춰 달라져야 할 법, 제도의 단적인 사례이다.

물론 현재도 그런 상황을 피하는 방법은 있다. 대표적으로 생전에 증여를 해서 일정 부분의 재산을 사실상의 배우자에게 옮겨주는 것이다. 물론 의식이 남아 있는 상황에서 해야 하는 일인지라, 사례처럼 갑작스레 쓰러졌다면 불가능하다. 게다가 자손들이 자신들 몫의 상속재산이었다며 되돌려달라는 유류분 반환 청구(자세한 내용은 14장에서 다루기로 하자)를 할 수도 있다. 근본적인 보완책이 있어야 한다.

사랑도 결혼도 취소가 가능해

춘향과 몽룡의 이야기로 돌아가 보자. 월매는 알았지만 몽룡의 부모는 아들의 결혼을 전혀 몰랐다. 괜찮을까? 아들내미의 다리몽둥이를 부러뜨리는 것 말고, 혼인 자체의 문제는 없는지 말이다. 혼인은 당사자들의 의사가 중요하다지만, 그래도 이팔청춘, 열여섯은 너무 어리다. 조혼이 흔했던 조선 시대라도 최소한 부모의 허락은 있어야 할 것이다.

지금의 법으로 따지자면 결혼할 수 있는 나이는 만 18세 이상이다. 다만, 민법상 미성년자 기준인 만 19세 미만이라면 부모의 동의가 필요하다. 그러니까 몽룡은 너무 어렸고, 부모의 허락도 받지 않았으므로 두 가지 혼인 취소 사유가 있었던 셈이다. 그렇다. 혼인도 취소해서 없던 일로 물릴 수 있다. 이혼과 취소는 뭐가 다를까? 이혼은 일단 혼인 자체는 정상적으로 이루어졌고, 나중에 틀어져 헤어지는 것이다. 취소는 그와 달리 처음부터 법에 어긋나는 잘못이 있었던 경우이다. 같은 사정으로 이혼 절차를 밟는 것도 가능하지만, 결혼했다는 사실을 더욱 강력하게 부인하는 수단이 취소이다.

몽룡처럼 나이 문제가 대표적이다. 혹은 이미 결혼한 주제에 또 결혼했다면 중복된 두 번째 혼인을 당사자는 물론 가까운 가족이 소송으로 취소할 수 있다. 혼인 생활을 할 수 없는 심각한 질병에 걸려 있었는데 모르고 결혼했다면 상대방이 취소를 요구할 수 있다. 속아서 또는 강요 때문에 결혼했을 때도 취소할 수 있다. 다만, 이 경우는 오해하기 쉽다.

결혼한 후 여자든 남자든 제일 많이 내뱉는 말이 '속았다' 아닐까 싶다. 함께 살다 보면 이 사람이 내가 사랑한 그 사람 맞나 싶은 순간이 있기 마련이다. 일부러 속였을 수도 있지만, 눈에 씐 콩깍지가 벗겨지는 자연스러운 과정이다. 그런 정도로 결혼을 취소하기는 어렵다. 법은 정말 도가 지나쳐야 구제해준다. 판사가 보기에도 너무하다 싶을 정도로 심각한 수준이어야 하는데, 대표적인 것이 학력이나 직업을 범죄의 방법으로 속인 것이다. 이를테면 자신이 명문대를 졸업한 고위 공무원이라고 거짓말을 했을 뿐만 아니라 명문대 졸업장과 공무원 재직증명서까지 위조해 보여줬다면 누가 속지 않겠는가?

부부는 종종 과거의 일 때문에 다투기도 한다. 하지만 그 일이 결혼을 취소할 수 있을 정도의 문제인지 판단하는 기준은 결혼 시점에 있다. 예전 연인과 주고받은 메일, 함께 찍었던 사진 따위를 치운다고 치웠는데 덜컥 나올 수 있다. 기분은 나쁠지언정 옛날 일이니 집착해서는 안 된다. 다 털어놓지 않았으니 속였다고 봐야 할까? 그렇지 않다는 것이 법원의 입장이다. 출산한 사실을 감추고 결혼한 여성이 있었다. 실은 성폭력, 그것도 미성년자 때 당한 일로 아기가 생긴 것이었다. 낳고는 바로 입양을 보냈고 그 후 전혀 연락도 없었다. 법원은 여성의 명예와 사생활의 비밀을 고려할 때 그런 사실을 알리지 않았다는 이유로 혼인을 취소할 수 없다고 판단했다(대법원 2016. 2. 18. 2015므654).

더욱 심각한 문제가 있으면 아예 결혼을 무효로 돌릴 수도 있다. 취소와 달리 아예 가족관계등록부에 혼인의 흔적조차 남지 않는다. 그러려면 근친혼처럼 심각한 사정이 있어야 한다. 가장 흔한 사정은 당사자가 원하지 않았던 혼인이다. 요즘 세상에 그게 가능한가 싶겠지만, 짝

사랑하는 사람이나 좋아하는 연예인의 신원을 알아낸 후 서류를 위조해 혼인신고를 하는 사람들이 왕왕 있다. 이는 당연히 무효로 만들어줘야 하지 않겠는가. 전국 가정법원에 일 년 동안 1,000건이 넘는 혼인 무효 소송이 들어오는 걸 보면 잘못된 사랑, 아니, 집착이 적지 않은 모양이다.

법률 BOX

민법 제2조(신의성실)
① 권리의 행사와 의무의 이행은 신의에 좇아 성실히 하여야 한다.
② 권리는 남용하지 못한다.

제807조(혼인적령)
만 18세가 된 사람은 혼인할 수 있다.

제808조(동의가 필요한 혼인)
① 미성년자가 혼인을 하는 경우에는 부모의 동의를 받아야 하며, 부모 중 한쪽이 동의권을 행사할 수 없을 때에는 다른 한쪽의 동의를 받아야 하고, 부모가 모두 동의권을 행사할 수 없을 때에는 미성년후견인의 동의를 받아야 한다.

제812조(혼인의 성립)
① 혼인은 〈가족관계의 등록 등에 관한 법률〉에 정한 바에 의하여 신고함으로써 그 효력이 생긴다.

헌법 제10조
모든 국민은 인간으로서의 존엄과 가치를 가지며, 행복을 추구할 권리를 가진다. 국가는 개인이 가지는 불가침의 기본적 인권을 확인하고 이를 보장할 의무를 진다.

제36조
① 혼인과 가족생활은 개인의 존엄과 양성의 평등을 기초로 성립되고 유지되어야 하며, 국가는 이를 보장한다.

물도 얼면
베어진다

4

뜨겁고도 차가운
이혼의 각종 절차

영원한 건 절대 없다고 GD가 말했던 건 삐딱해서가 아니다. 모든 사랑은, 결혼은 끝이 있다. 누군가 먼저 세상을 떠나는 일은 사람의 힘으로 막을 수 없고, 누군가의 마음이 먼저 떠나버리는 일도 마음대로 할 수 없는 일이기 때문이다. 어떤 경우든 부부로서의 인연은 법적으로 끝이 난다. 함께하는 것이 그렇듯이 헤어지는 일도 법에서는 자유라고 한다. 하지만 함께했던 시간만큼이나 돌아서는 길도 멀고 고통 스러울 수 있다. 그 과정을 버텨낼 수 있도록 법은 이런저런 절차들로 도움을 주고 있다.

모든 결혼은 언젠가 끝난다

"부부 싸움은 칼로 물 베기"라는 옛말에 공감하는 젊은 부부가 얼마나 있을까? 못 살겠다, 헤어지자 하면서 아무리 싸워봐야 말뿐이고 정말 헤어지진 않는다는 뜻인데, 한 해 법적 부부 10만 쌍 이상이 이혼하는 요즘엔 통하지 않을 듯싶다. 오히려 "사랑이 식는다"라는 표현이 들어맞는다. 물이 식다 못해 차갑게 얼면 깔끔하게 잘리니까. 산산조각 부서지지 않기만 해도 다행일지 모른다.

모든 혼인은 끝이 있다. 영원한 건 절대 없다고 GD가 말했던 건 삐딱해서가 아니다. 누구라도 죽음이 갈라놓는 것까지 피할 수는 없다. 배우자가 사망하면 동거·부양·협조·정조의 의무는 사라진다. 생존한 배우자는 사망한 배우자의 6촌 이내 친척이 아닌 한 누구와도 자유롭게 재혼할 수 있다. 재혼하면 이전 결혼으로 생겼던 인척 관계, 그러니까 시댁, 처가댁으로 불렸던 사람들과 법적 관계가 끊긴다. 다만, 부부

공동생활에 썼던 빚이 남아 있다면 산 사람이 갚아야 한다.

그런데 한쪽의 죽음으로 끝나는 사별과 달리 이혼은 최소한 한 사람이 원해서 하는 일이며, 이를 위한 여러 방법과 절차가 있다. 함께 살며 만들어온 것들을 제대로 정리하지 않으면 앞으로 나아가기 힘들다. 헤어지려는 마당에 함께 무엇인가를 해야 하다니, 이혼이 쉽지 않은 이유이다. 이번 글에서는 그나마 뒤끝 없이 둘이 모든 일을 처리하는 협의이혼부터 이혼의 각종 절차를 살펴볼 것이다.

협의이혼은 이혼과 그에 따른 과정 모두를 부부가 합의해 치르는 것으로, 개념상 법률혼에만 쓰는 말이다. 법원의 확인을 받아 담당 공무원에게 신고하면 가족관계등록부에 부부로 적었던 부분을 고쳐 쓰는 것이다. 애초에 서류상으로는 존재하지 않는 사실혼이라면 헤어지면 그만이다. 뒤집어 말하면 협의이혼을 위해서는 양쪽 모두 법적인 부부관계를 끝내려는 생각이 있어야 하며, 그 생각도 서류상 이혼이면 족하다. 이후 사실혼을 유지하더라도 어차피 법원이 간섭할 수 있는 영역이 아니지 않은가. 빚쟁이들에게 시달리는 상황을 피하고자, 해외 이민을 가려고, 혹은 각종 급여나 수당 청구에 유리해서 이혼하겠다고 하더라도 이혼 의사가 없다고 할 수 없다(대법원 1993. 6. 11. 93므171).*

부도를 맞았던 남편의 사업을 아내가 이어받으면서 혹시 모를 위험 부담을 줄이려고 서류상 이혼하는 경우가 있다. 한집에서 버젓이 부부로 살지만 말이다. 이때도 다른 사정이 없는 한 법률혼은 끝난 것으로

---

* "없다고 할 수 없다"라는 식의 표현이 판결문 같은 법률 문서에 자주 등장한다. 한 가지 사유만으로 해당한다 아니다 판단할 수 없고, 다른 사정과 함께 종합적으로 봐야 한다는 뜻으로 이해하면 된다.

인정해줄 수 있다. 상속을 받지 못하는 것처럼 사실혼에 따른 불이익을 감수하는 것은 당사자들의 선택이다. 혹시 당연히 갚아야 할 빚을 떼먹으려는 심산 때문에 서류상 이혼하는 것이라면 다른 법률로 처벌하면 된다.

4주 후에 뵙겠습니다

일단 부부가 이혼하기로 합의했다면, 대법원 사이트 혹은 사는 곳에서 가까운 가정법원 민원실에 있는 '협의이혼 의사확인 신청서'를 작성해야 한다. 적어야 할 내용은 단순하다. 생년월일, 이름, 주소 따위의 신상 정보다. 이혼하려는 이유도 객관식이니까 해당 번호에 표시만 하면 된다. 사실은 국가 통계상 자료 수집용일 뿐 이유를 따지기 위한 것도 아니니 이래저래 글쓰기를 걱정할 필요는 전혀 없다. 가족관계증명서, 혼인증명서 같은 서류와 함께 신청서를 내면 두 사람이 함께 나와 확인받을 날짜를 알려준다.

'확인'이라는 단어를 쓰는 것은 이혼과 관련한 사항은 당사자들끼리 이미 정해놓았다는 뜻이다. 하기야 결혼까지 한, 다 큰 어른들이 하는 일에 법원이라고 감 놔라 배 놔라 하겠는가. 법원의 절차는 정말로 이혼하겠다는 것인지만 알아본다. 어떤 과정을 거쳐 그런 결정을 했는지, 혹시 잘못 생각한 것은 아닌지 따지지 않는다(대법원 1987. 1. 20. 86므 86). 그런데 이렇게 원칙을 밝히면서도 법원은 막상 그 과정에 살짝 끼어든다. 부부의 사연을 재구성해 드라마 형식으로 만들어놓고, 헤어져야 할지 말지 시청자에게 묻는 TV 프로그램이 있었다. 원로배우 신구의 "4주 후에 뵙겠습니다"라는 극중 대사가 유명세를 탔다.

실제 협의이혼 과정은 이렇다. 신청서를 내면 법원에서 이혼에 관한 안내를 해준다. 법적으로 어떤 효과가 따르는지, 특히 아이가 있는 경우처럼 함께 정해야 할 내용이 있다면 알려준다. 도움을 줄 전문 상담인을 만나보도록 권고하기도 한다. 감정에 치우쳐 후회할 결정을 하지 않도록 돕는 것이다.

그러고는 1개월 정도 깊이 생각해보라며 이른바 숙려 기간을 둔다(아이가 있으면 3개월). 그 기간이 지나 법원이 정한 날짜에 두 사람이 함께 나와야 한다. 변함없는 뜻이라면 비로소 '확인'을 해주고, 관할 구청에 3개월 이내에 신고하면 결혼 계약은 끝난다. 법원이 개인의 일에 간섭해서는 안 되지만, 개인이 최대한 신중할 수 있도록 돕는 것이다. 당사자들의 의사를 존중하되, 그냥 내버려둘 수 없는 경우에는 개입할 여지를 만든다. 그 균형을 어디서 찾느냐 하는 점은 사실 가족에 관한 문제에서만 등장하는 고민이 아니지만, 사적 자치, 즉 개인들 사이의 문제는 자유로운 의사에 따르고, 그 결과도 개인들이 책임지도록 하는 것이 현대 법률의 원칙이다.

협의이혼, 자유의사로 하느냐 VS 법대로 하느냐

그렇지만 손 놓고 보기만 한다면 국가의 존재 이유가 있을까. 게다가 협의이혼은 당사자들끼리 합의를 보는 것인만큼 그 과정이 참으로 고통스럽다. 제대로 된 약속인지 걱정스러울 수도 있고, 만약 상대방이 약속을 지키지 않으면 어쩌나 미심쩍기도 하다. 하지만 법에 따른 재판을 받는 것도 쉽게 엄두가 나지 않는다. 재판은 옳고 그름을 일도양단一刀兩斷으로 나눠야 하기 때문에 엄격하다. 주장 하나하나 명확한 증거가 있는지 따진다. 그만큼 시간도 오래 걸린다. 중간 지대, 제3의 방법은 없을까?

뉴스를 눈여겨보는 사람이라면 유명 인사의 이혼에 대한 뉴스에서 조정에 실패해 소송으로 갈 수밖에 없다는 내용을 접한 적이 있을 것이다. 그렇지만 정작 당사자들이 이혼하기 위해 어떤 이야기들을 주고받았는지는 기사에 나오지 않는다. 게다가 법정에 나왔던 사진 한 장 실리지 않을 때도 있다. 조정이란 게 어떤 것이기에 그럴까?

당사자들만의 합의도 아니고, 시시비비를 끝까지 가리는 소송도 아닌 중간 지대로서 민사에는 화해, 조정, 중재라는 절차가 있다. 소송으로 다투다가도 서로 조금씩 양보하는 '화해'로 끝을 내고자 하는 경우에는 판사 앞에서 이런저런 조건으로 화해한다고 양쪽이 합의하면, 판사가 그 내용을 서류로 적어준다. 그러면 판결을 받은 것과 똑같은 효과를 갖는다. 법적으로 따지지 않지만 효과는 마찬가지 결론을 내리는 것이다.

이혼을 하기 위해 가족법이 마련해놓은 또 다른 절차는 '조정'이다. 조정위원의 도움을 받아 재산은 어떻게 나누고, 아이는 누가 키우고 등등 이혼에 필요한 사항들을 정리하는 것이다. 소송에서처럼 이혼 사유가 있느냐, 누가 잘못했느냐, 재산을 얼마씩 가져야 정확하게 나누느냐 엄격하게 따지지 않는다. 적당한 수준에서 서로 양보하고 수긍하면, 조정위원이 그걸 기록하는 것으로 끝이다. 그 기록은 재판에서 받은 판결문과 법적으로 똑같은 효력을 갖는다.

이혼 조정은 몇 가지 특징이 있는데, 우선 이혼에 대해 어느 정도 협의만 되어 있으면 서로 얼굴을 보지 않아도 된다. 이혼에 이를 정도라면 당사자들은 함께 있다는 사실만으로도 고통스럽다. 협의이혼을 하기 위해 함께 법원에 가서 신청서를 내고, 4주라는 숙려 기간까지 거쳤다가, 다시 함께 법원에 가서 이혼 의사를 거듭 확인하는 과정은 고문이다. 하지만 조정은 변호사를 대리인으로 선임하면 당사자가 법원에 출석하지 않아도 이혼 과정을 마무리할 수 있다. 양쪽 변호사를 통해 미리 조건만 맞춘 다음, 법원에도 변호사들만 가서 조정 절차로 확인만 받으면 된다. 숙려 기간도 없으니 시간으로 따져도 가장 빨리 이혼 절차를 마무리할 수 있다.

또 하나의 특징은 재판이 아니기 때문에 공개된 법정에서 하지 않는다는 것이다. 조정위원만 참가하는 회의실 같은 곳에서 비공개로 각자의 조건들을 맞춰본다. 당사자들끼리 합의하다가 혹시 생길 실수도 막을 수 있다. 연예인처럼 얼굴이 잘 알려진 유명 인사들이 이 방법을 선호하는 이유이다. 물론 한쪽이 조정을 신청했는데 상대방이 받아들이지 않으면 결국 재판으로 가는 수밖에 없다. 조정까지는 당사자들의 의사 결정을 도와주는 절차일 뿐이고, 법이 강제로 이러저러한 조건으로 이혼하라고 명령하지는 않는다.

한편 '중재'는 엄격한 소송절차를 따르지 않는다는 점을 빼면 소송이나 마찬가지이다. 양쪽이 중재 권한을 가진 사람의 결정을 따르기로 미리 합의하는 것이다. 일일이 증거로 다투지 않고, 양쪽의 균형을 맞춰 '적당한' 수준의 결론을 내리는 것이 일반적이다. 결국 최종적인 방법은 재판인데, 완벽하게 헤어지는 일에는 정말로 법의 허락이 필요한 셈이다.

샤일록의 계약은 틀렸다

결혼은 계약이고, 협의이혼도 헤어진 다음의 일을 정하는 일종의 계약이다. 그것을 자유롭게 할 수 있는 이유는 가사를 포함한 민사 전반에 걸쳐 법과 제도가 만들어져 있기 때문이다. 자유로운 계약 또는 그 한계에 대해 민법은 어떤 원칙들을 두고 있을까. 계약에 관한 고전 한 편과 함께 살펴보자. 그 유명한 셰익스피어의 희곡《베니스의 상인》이다.

작품의 무대가 된 이탈리아 베네치아. 유럽 그 어느 곳보다 자유로운 상거래를 보장받으며 도시는 화려하게 번창하고 있었다. 하지만 유대인들은 금융업을 지배하면서도 종교와 인종을 빌미로 유럽인에게 박해받았다. 복수할 기회를 엿보던 유대인 샤일록은 상인 안토니오에게 돈을 빌려주며 살 1파운드(450g 정도)를 담보로 잡는다. 당시 법률이 얼마나 거래의 자유를 보장해줬는지 짐작할 수 있는 단적인 사례이다. 물론 샤일록은 처음부터 거만한 유럽인들의 기를 꺾기 위해서 안토니오의 목숨을 노린 것이다. 예상대로 안토니오는 돈을 갚지 못했고, 샤일록은 그를 법정으로 끌고 갔다. 승리를 눈앞에 둔 순간 악마의 변호사가 나타났다. 살을 떼더라도 기독교인의 피를 한 방울도 흘리지 말라는 주장이었다. 샤일록의 계약서에는 피를 흘리지 않아야 한다는 내용이 없었다. 이럴 때는 보통 사람들의 눈으로 볼 때 어떻게 읽힐지를 기준으로 해석한다고 했다. '심장 가까이의 살'이라고 적었던 만큼 오히려 피를 머금은 살이라고 보는 게 맞다. 그럼에도 판사는 변호사의 주장을 받아들였다. 편파적인 판결이다. 이는 샤일록을 두둔하려는 것도, 셰익스피어에게 딴지를 걸자는 것도 아니다. 그의 계약은 분명 잘못되었지만, 법정에서 결론을 이끌어내는 과정 또한 잘못되었다. 샤일록의 계약이 틀렸다는 것을 이해하기 위해 민법을 지배하는 3대 원칙을 먼저 들여다보자.

첫째 '계약 자유의 원칙'이다. 누구든지 자기가 원하는 대상을, 원하는 방법에 따라 자유롭게 얻을 수 있는 계약을 할 수 있다. 두 번째 '소유권 절대의 원칙'이다. 계약을 통해 얻은 재산은 온전히 자신의 것으로, 자기만의 방법으로 쓸 수 있다. 마지막으로 '과실책임의 원칙'이다. 계약을 맺고 거래 활동을 하는 과정이나 자신의 재산을 사용하는 과정에서 다른 사람에게 손해를 끼쳤다면 책임을 져야 한다. 실수로 그랬더라도 말이다. 이 세 가지를 정한 덕분에 인류는 자유롭게 거래를 주고받으며 시장과 문명을 키워왔다.

하지만 샤일록이 맺은 계약도 '계약 자유의 원칙'으로 보호해야 할까? 법이 보호한다는 것은 약속을 지키지 않으면 법원이라도 나서서 강제로 집행한다는 뜻이다. 산 사람의 살을 떼어주다니 안 될 일이다. 자유만 강조하다가 생긴 부작용이다. 한국도 개발 일색의 산업사회를 거치는 동안 산과 들을 해치는 시커먼 연기가 공장에서 뿜어져 나왔고, 그 안에서 노동자들은 과로로, 사고로 힘없이 쓰러져갔다. 뭔가 브레이크가 필요했다. 말이 자유일 뿐, 어쩔 수 없이 불리한 계약을 맺어야 하는 사회적 약자를 보호하기 위해 '계약의 자유'는 '계약 공정의 원칙'으로 바뀌었다. 1981년에 공정거래위원회 같은 국가기관이 만들어진 것도 그래서이다. 개인의 재산을 보호해주는 것은 여전하지만 국가나 사회의 필요 때문에 어느 정도 제한할 수 있다는 '소유권 상대의 원칙'을 도입했다. 대표적으로 부동산 투기를 막고 좁은 땅을 효율적으로 쓰기 위한 '토지 공개념'을 떠올리면 된다. 또한 잘잘못을 따질 때 국가나 기업처럼 힘이 센 쪽의 책임을 더 무겁게 묻는 식으로 과실책임의 원칙도 손질을 하고 있다. 풀어주고 조이는 균형 잡기가 법에도 필요한 셈이다. 3대 원칙과 그 수정 원칙이 적절한 정도로 액셀과 브레이크 역할을 해주면서 우리 사회를 움직이고 있다.

미풍양속을 해치는 관계, 법에서는 무효!

샤일록 이야기로 시작했지만 요즘이라고 그런 일이 없을까? '신체

법적 무효인가, 아닌가?

사례 1 일정한 대가로 일정 기간 동안 남녀 관계를 유지하는 '첩 계약'은 오래된 악습이다. 유부남인 김사장이 유비서를 뽑아 해외 출장을 함께 다니며 어느새 은근한 관계가 되었다. 일정한 대가를 주고 너와 결혼도 하고 싶다고 말했다. 법은 이 정도까지 받아들일 수 없다. 한편, 무슨 일이 있더라도 이혼하지 않겠다는 각서는 신분에 관한 개인의 의사를 너무 심하게 제약하기에 무효이다(대법원 1969. 8. 19. 69므18). 그러니 이런 약속들을 지키지 않는다는 이유로 법원에 가도 소용없다. 법은 밀린 '대가'를 받아주지도 않고, 원래 배우자와 이혼하고 빨리 결혼 약속을 지키라고 하지도 않는다.

→ **무효**

사례 2 박대표와 정가수는 1억 원을 대가로 1년간 동거하기로 '스폰서' 계약을 맺었다. 그런데 정가수가 돈만 받고 약속을 지키지 않는다면 돈을 돌려줘야 할까? 돌려주라고 판결하면 마치 법원이 그런 약속이라 할지라도 지켜야 한다고 하는 것과 다름없다(대법원 1966. 6. 21. 66다530). 부정한 목적으로 줬던 돈이니 박대표는 억울하다는 소리를 하지 말라는 것이다. 처음부터 떼먹을 생각으로 접근했다면 사기 같은 범죄의 문제로 다뤄질 수 있다.

→ **무효**

사례 3 가족과 돈이 연결된다고 무조건 부정하는 것은 아니다. 바람났던 최남편이 앞으로는 가정에 충실하겠노라 맹세하면서 김아내 앞으로 집 소유를 옮겨줬다. 대신 부부로 사는 동안 마음대로 팔 수 없다는 제한을 뒀다면? 이혼 자체를 막은 것은 아니니까 이 정도 조건은 선량한 풍속이나 기타 사회질서에 위반되는 것이라고 보지 않았다(대법원 1992. 10. 27. 92므204).

→ **무효 아님**

포기 각서'라는 무시무시한 말을 들어보았을 것이다. 경제적·심리적으로 쫓기다 누군가 안토니오처럼 덜컥 불리한 계약을 할 수도 있다. 계약이니 꼭 지키라고? 앞서 말했듯 법이 그렇게 강요해서는 안 된다.

민법 제103조는 '선량한 풍속'을 예로 들면서 꼭 법이 아니더라도 상식에 비춰 도저히 받아들일 수 없는 일이라면 아예 효력이 없다고 한다. 샤일록은 사람을 해치기 위해 돈을 빌려줬다. 돈을 빌려주고 받는 일 자체는 문제가 아니지만, 진짜 이유는 살인이기에 절대 있어서는 안 될 짓이다. 그러니까 살을 떼어주기로 한 약속 따위를 법은 아예 없었던 일로 여긴다. 가족은 아니지만, 애정과 유사한 어떤 관계를 둘러싸고 종종 법으로 인정하기 어려운 일이 벌어진다. 앞의 사례에서 볼 수 있듯이 법은 어떤 행동 혹은 그에 따르는 조건이나 대가, 동기 같은 것들이 사회질서에 맞지 않으면 무효라고 본다.

다시 강조하지만 사람 나고 법이 있다. 법은 미풍양속을 침해하는 일에 손들어주지 않는다. 차갑고 딱딱해 보이지만 이런 점에서 우리는 법에 스며든 온기를 느끼고 법을 지키려는 마음을 먹는 게 아닐까. 서로 약속을 지킨다면 법의 보호를 받을 수 있기 때문이다.

민법 제103조(반사회질서의 법률행위)

선량한 풍속 기타 사회질서에 위반한 사항을 내용으로 하는 법률행위는 무효로 한다.

제834조(협의상 이혼)

부부는 협의에 의하여 이혼할 수 있다.

제836조의 2(이혼의 절차)

① 협의상 이혼을 하려는 자는 가정법원이 제공하는 이혼에 관한 안내를 받아야 하고, 가정법원은 필요한 경우 당사자에게 상담에 관하여 전문적인 지식과 경험을 갖춘 전문상담인의 상담을 받을 것을 권고할 수 있다.

민사조정법 제2조(조정사건)

민사에 관한 분쟁의 당사자는 법원에 조정을 신청할 수 있다.

제29조(조정의 효력)

조정은 재판상의 화해와 동일한 효력이 있다.

완벽한 이별에는
법의 허락이
필요하다

5

재판을 통한 이혼

두 사람이 뜻을 모아 시작했던 결혼이니 끝낼 때도 협의로 마치는 것이 이상적이지만, 한쪽이 이혼을 바라지 않는다면 공권력의 힘이 필요하기도 하다. 부부와 그 주변을 둘러싸고 벌어지는 수많은 일을 하나하나 법전에 적어놓을 수 없기 때문에, 민법 제840조는 재판으로 이혼을 요구할 수 있는 사유를 여섯 가지로 정해놓았다.

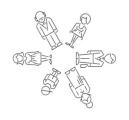

재판은 모든 국민의 권리이다

말끝마다 욕설을 퍼붓는 남편, 지나친 교육열로 빚어진 부부의 갈등, 종교에 빠져 가정을 소홀히 한 아내……. 이런저런 일들을 법원이 이혼 사유로 인정했다는 뉴스를 종종 접하게 된다. 이혼하려면 뭔가 심각한 사정이 있어야 하나 싶어 고개를 끄덕이다가도, 연예인이고 주변 사람 이고 들어보면 죄다 '성격 차이' 때문에 헤어진단다. 그럼 생각보다 쉽 게 이혼할 수 있는 건가 싶기도 하다.

뭐가 맞을까? 그 전에 혹시 이의를 제기하고 싶지 않은가? 판사가 뭔 데 남의 집안일에 감 놔라 배 놔라 하느냐고 말이다. 다른 사람을 해치 는 범죄라도 지었으면 모를까, 왜 개인 간 이별에까지 간섭하는지 고개 가 삐딱해지지 않는가 말이다.

물론 두 사람이 시작했던 결혼이니 끝낼 때도 협의로 마치는 것이 가 장 이상적이다. 하지만 둘 중 한쪽이 헤어지기를 바라지 않는다면 어떻게 해야 할까? 억지로 함께 살기까지 강요할 수는 없다. 하지만 그냥 두면 각종 기록에 '부부'로 남아 있을 테고, 부부로서의 권리와 의무를 강요당할 수도 있을 테니 정리하려면 공권력의 힘을 동원해야 한다. 이번 글에서는 재판을 통한 이혼의 풍경을 살펴볼 것이다. 그 전에 한 가지 짚고 넘어갈 것이 있다. 오해하면 안 되는 것이 재판은 권리라는 사실이다. 그렇다. 모든 국민은 헌법과 법률로 정한 법관에 의해 법률에 따른 재판을 받을 권리가 있다(헌법 제27조 제1항).

재판이 권리라는 말은 다음과 같은 뜻을 담고 있다. A와 B 사이에 다툼이 있을 때 '민사소송'으로 누가 말이 옳은지 심판해달라고 할 수 있다. 세상에 없던 새로운 사업을 벌이려는데 국가가 허락해주지 않는다면? 국가의 잘못은 없는지 '행정소송'으로 따져볼 수 있다. C가 D를 해쳤거나 잘못된 방법으로 이익을 얻었다. 나쁜 짓을 했다는 사실이 아무리 명백해도 '형사소송'을 거치지 않고는 C가 벌 받지 않는다.

그런데 법원은 어떻게 재판을 하는 걸까? 이혼을 허락해야 하는 건지 말아야 하는 건지, 판사가 어떻게 결정하느냐는 질문이다. 민사든 형사든 모든 재판은 크게 나눠 사실을 확인하는 과정과 법률을 적용하는 과정으로 이루어진다.

먼저 있었던 사실을 정한다. 그래야 그다음 비로소 누가 옳은지를 따질 수 있지 않겠는가. 그런 이유로 법정에서 가장 중요한 것은 '증거'이다. 판사석에 앉아 서류를 검토하는 판사 입장에서 볼 때 어떤 일이 벌어졌는지 받아들일 수 있을 만큼 확실한 증거여야 한다. 계약서처럼 그 자체로 어떤 사실을 증명하기 위해 만들어진 서류가 있으면 최상이다. 서로 주고받은 이메일이나 문자 메시지 등을 통해 있었던 일을 재구성할 수도 있다. CCTV에 찍힌 화면도 있을 수 있고, 객관적으로 어떤 일을 목격한 사람이 증인으로 한 이야기도 증거가 된다. 그 밖에 판사가 사건과 관련한 물건들을 직접 보고 조사해 증거로 쓰는 등 여러 가지 부수적인 방법이 있다.

그렇게 확인한 사실이 법률의 어떤 부분에 해당하는지 살피는 것이 다음 차례이다. 법을 해석하고 적용하는 단계인데, 법원만 가지고 있는 가장 강력한 권한이다. 이 과정을 이해하려면 먼저 입법기관인 국회가 법을 어떻게 만드는지부터 알아야 한다. 예를 들어 폭력을 처벌하는 법을 만든다고 가정해보자. 사람을 상대로 폭력을 행사하는 방법은 발차기, 정권 찌르기, 뺨 때리기 등등 참 여러 가지이다. 게다가 세상엔 별의별 일들이 다 일어나기 마련이라 폭력의 형태를 법전에 다 적을 수도 없다. 그래서 '폭행'이라는 한 단어로 압축해서 법률을 만든다. 그러니 누군가를 폭행죄로 처벌하려면 그의 행동이 '폭행'에 해당하는 것인지 판단할 필요가 생긴다. 직접 때리지는 않았지만 충분히 위협적으로 주변의 벽을 쳤다거나 할 수 있다. 우리 법원은 이럴 때도 폭행죄라고 한다. 법전에 쓰인 '폭행'의 뜻을 넓게 해석하고 적용한 것이다.

여섯 가지 재판상 이혼 사유

그러니까 법원이 어떤 일을 이혼 사유로 인정했다는 뜻은 그것이 법률에 정해진 사유에 해당한다고 판단했다는 것이다. 가족법은 재판으로 이혼을 요구할 수 있는 사유를 여섯 가지로 정해놓았다. 앞서 폭행에 대해 설명한 것처럼 부부와 그 주변을 둘러싸고 벌어지는 수많은 일을 하나하나 법전에 적어놓을 수 없기 때문이다.

부정한 행위, 부당한 대우, 중대한 사유……. 잘못된 행위라는 것은 알겠는데, 그 뜻 자체가 모호하다. 무슨 뜻인지 법원이 정리해주기는 한다. 부정한 행위란 혼인한 이후에 부부 한쪽이 정조의무 혹은 성적인 순결의무에 충실하지 않은 일체의 행위를 말하는 것으로, 성관계를 전제로 하는 간통보다 넓은 개념(대법원 1992. 11. 10. 92므68 판결)이라는 해석이다.

여전히 모호하지만 대충 무슨 뜻인지 알 듯도 싶다. 무엇보다 '간통보다 넓은 개념', 그러니까 직접적인 성관계가 없더라도 부정한 행위에 들어갈 수 있다는 점이 눈에 띈다. 이런 해석은 법원 중에서도 대법원이 최종적으로 내릴 수 있는 권한이 있다. '판례'라는 것이 바로 이런 해석을 가리키는 것이고, 대법원이 각급 법원에 제시하는 방향이라고 보면 된다. 실제로 거기에 해당하는지는 개별 법원에서 사안에 따라 판단한다.

부정행위에 대해서는 6장에서 자세히 살펴보기로 하고, 우선 나머지 요건들을 보자. '악의의 유기'란 정당한 이유 없이 상대방을 버려두는 것이다. 부부의 의무인 동거와 부양, 협조를 하지 않는 것, 가령 남편이 집을 나가 다른 여성과 살림을 차리는 것처럼 말이다(대법원 1998. 4. 10. 96므1434).

배우자나 그 직계존속에게서 부당한 대우를 받았을 때라는 요건에 눈길이 꽂힌다. 아내 입장이라면 '시월드'에서 시달렸던 경험을 떠올릴 것이고, 혹은 거꾸로 아내가 내 부모님에게 섭섭하게 했던 모습을 떠올릴 남편도 있겠다. 법원은 이 '부당한 대우'를 결혼 생활을 유지하라고 강요하는 것이 가혹하다고 여겨질 정도로 배우자나 그 직계존속에게서 폭행, 학대 또는 모욕을 당하는 때로 보았다(대법원 2004. 2. 27. 2003므 1890).

폭행이나 학대라는 단어에서 짐작할 수 있겠지만, 단순히 감정을 상하게 하는 정도로는 이에 해당하지 않는다. 결혼할 때 지참금을 가지고 오지 않았다며 상처를 입을 정도로 아내를 구타하거나, 아내의 아버지에게까지 찾아가 행패를 부렸다면 이혼할 만하다(대법원 1986. 5. 27. 86므14). 또 아내가 남편을 정신병자로 몰아 감금하려 하거나, 수업 중에 학생들이 보는 앞에서 끌어내는 정도로 모욕을 줬다면 이에 해당한다(대법원 1985. 11. 26. 85므51). 하지만 부부싸움 중 술에 취해 몇 마디 욕설하거나 다치지 않을 정도의 폭행을 했다면 이혼 사유로는 부족하다고 본다(대법원 1981. 10. 13. 80므9).

재판상 이혼 사유의 마지막은 더욱 막연하게 열려 있다. '혼인을 계속하기 어려운 중대한 사유'라니, 법을 만들 때 예상하지 못할 상황이 그만큼 많은 것이 결혼인 탓이리라. 법원은 혼인의 본질인 원만한 부부 생활이 회복할 수 없을 정도로 파탄되어, 계속 함께하라고 하는 것이 참을 수 없는 고통이 되는 것이라고 이를 설명한다(대법원 2005. 12. 23. 2005므1689).

이혼 상담을 하다 보면 가장 아픈 말이 "같은 방에서 숨 쉬는 것조차 싫다"라는 의뢰인의 고백인데, 그런 정도라고 보면 될 것이다. 흔히 이혼 사유로 거론되는 '성격 차이'가 법률상에서는 이 항목에 해당한다.

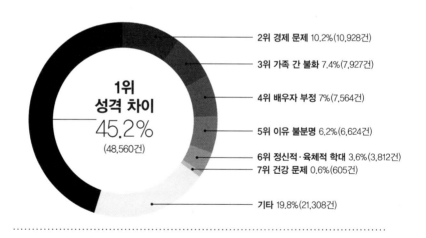

1위 성격 차이 45.2% (48,560건)

2위 경제 문제 10.2%(10,928건)

3위 가족 간 불화 7.4%(7,927건)

4위 배우자 부정 7%(7,564건)

5위 이유 불분명 6.2%(6,624건)

6위 정신적·육체적 학대 3.6%(3,812건)
7위 건강 문제 0.6%(605건)

기타 19.8%(21,308건)

2016년 이혼 사유별 순위 〈출처: 통계청〉

이혼할 수 있다 vs 없다

사례 1 한쪽 배우자가 정신병을 심하게 앓는다면 어떨까? 부양의 의무가 있으므로 원칙적으로 이혼 사유가 될 수 없다. 하지만 그 때문에 가족 전체가 참을 수 없을 정도의 고통을 겪는다면 이혼할 수 있다(대법원 2004. 9. 13. 2004므740).

사례 2 종교 문제로 갈등을 겪는 부부도 많다. 신앙 그 자체를 탓할 수는 없지만 일도, 가사도, 육아도 팽개치고 동거·부양·협조라는 부부로서의 의무도 져버렸다면 이혼할 수 있다(대법원 1996. 11. 15. 96므851).

사례 3 경제적인 이유도 이혼 사유로 자주 등장한다. '계'와 같이 불안한 투자를 계속하는 바람에 가정 경제와 평화에 파탄을 일으켰다면 충분한 이혼 사유가 된다(대법원 1966. 1. 31. 65므50). 주식이나 가상 화폐에 대한 지나친 투자도 조심해야 할 것이다.

사례 4 부부가 한때 사이가 나빠져 이혼하자며 위자료 명목으로 돈까지 주고받았다고 할지라도 그 후 원만하게 살아왔다면, 그런 일이 있었다는 사실이 재판상 이혼 사유는 안 된다(대법원 1990. 9. 25. 89므112).

사례 5 성적 문제에 대한 갈등도 빼놓을 수 없는 사유이다. 법원은 상당히 조심스럽게 접근한다. 여러 사례를 종합해보면, 성적으로 만족스럽지 못한 정도 혹은 일시적인 성 기능 장애만으로는, 부부가 함께 노력하고 전문적인 도움을 받으면 나아질 정도라면 이혼이 안 된다고 한다(대법원 2009. 12. 24. 2009므2413). 이유 없이 잠자리를 거부하거나 정상적인 성생활이 불가능할 정도로 불완전한 경우에는 헤어질 수 있다고 한다(대법원 2010. 7. 15. 2010므1140).

이혼 사유로 가장 많은 부분을 차지하는 것이기도 하다.

성생활에 관한 부분에서 재판상 이혼 사유에 대해 한 가지 실마리를 찾을 수 있다. 앞에 늘어놓은 이유 중 하나가 있으면 무조건 이혼할 수 있다고 착각하면 안 된다는 것이다. 그런 사정이 있고, 그걸 극복하기 위해 노력해도 도저히 나아지지 않을 정도로 파탄에 이르러야 한다는 것이다.

자, 여기서 의문을 가져보자. 딱히 무슨 이유가 없더라도 서로에 대한 감정이 차갑게 식었다면 헤어질 수 있어야 하는 것 아닐까?

방귀 뀐 놈이 성내도 되나

연예인이나 재벌 집안의 혼사에 사람들은 '세기의 결혼'이라며 눈길을 보낸다. 그런데 그보다 더 입방아에 오르는 건 그들이 이혼할 때이다. 다투는 과정에서 평범한 사람으로서는 알기 어려운 생활상에 관한 이야기가 흘러나오기도 하고, 특별해 보이지만 남녀 문제만큼은 별다를 것 없구나 싶어 고개를 끄덕이게도 만든다. 그런 이야기 중에서도 유독 화제를 모으는 소재는 당당한(?) 불륜이 아닐까 싶다. 배우자가 있지만 새로운 사랑을 찾았다며, 미안하다고 고개를 숙이지만 어쩔 수 없었노라 고백하는 모습 말이다. 앞서 말한 이혼 사유 중 '부정행위'에 대한 내용이다. 가십거리로 딱 좋은 데다 이런 사랑 이야기는 쉽게 끝나지도 않는다. 이혼하고 싶어도 할 수가 없어 가정법원에 드나드는 모습을 계속 세상에 내보인다. 우리 법 체제가 재판상 이혼에 자격 제한을 두고 있기 때문이다.

앞서 살펴본 재판상 이혼 사유들은 어느 한쪽이 잘못을 저질렀을 때 성립한다. 외도를 하고, 집을 나가 돌아오지 않고, 배우자를 함부로 대했다는 것. 그래서 우리 법은 그런 일을 당한 이, 즉 피해를 본 쪽이 이혼소송을 제기하도록 하고 있다. 옛말에 "똥 싼 놈이 오히려 성낸다"라고 하는데, 그런 부당한 꼴을 법은 허용하지 않겠다는 것이다. 그러니까 부정행위를 저지른 쪽에서 이를 사유로 이혼소송을 청구할 수 없는 것이 원칙이다. 이 원칙은 부정행위뿐만 아니라 모든 재판상 이혼에 적용된다. 잘못한 쪽은 소송을 당하는 것이지, 큰소리치며 먼저 법원에 가자고 요구할 수 없다. 이걸 '유책주의'라 부른다.

반대로 '파탄주의'를 주장하는 의견도 있다. 이미 끝장이 났는데 누가 잘했건 잘못했건 뭐가 중요하냐는 관점이다. 부부로서 함께 살 수 없는 정도에 이르렀으면 이혼을 허락해줘야지 왜 국가가 막느냐는 반론이다. 다섯 쌍 중 한 쌍이 이혼할 정도로 이혼이 흔해진 시대에, 가족이나 혼인에 관한 세상의 인식 자체가 달라지고 있는데 국가가 혼인을 강제할 이유가 없다는 것이다. 잘못한 일이 있다면 충분한 위자료를 물리면 되는 것이지, 이혼 자체를 막을 일은 아니라고 보는 것이다.

여러분은 어떻게 생각하는가? 한 번쯤 주변 사람들과 자신이 생각하는 근거를 가지고 토론해도 좋은 소재가 아닐까 싶다. 다만, 아직 우리 대법원은 유책주의를 취하고 있다. 잘못한 쪽이 법원에 사건을 들고 오는 행위 자체가 혼인이 가지고 있는 도덕성에 맞지 않다고 본다. 잘못한 쪽이 소송 자체를 제기할 수 없다는 뜻은 아니지만, 이혼을 허락해주지는 않는다. 어느 한쪽이 결혼으로 내조만 했을 경우 입게 될 불이익도 고려한다. 혼인 생활에 모든 걸 걸었는데, 잘못도 없이 이혼을 당하면 피해를 감당할 수 없고, 쫓겨나는 것이나 마찬가지일 수 있기 때문이다.

남녀 차별이 과거에 비해 줄어들었고 여성의 사회적·경제적 지위가 올라가긴 했지만, 아직은 양성평등이 완전히 이루어졌다고 보기 어렵다. 자녀 양육으로 여성의 부담이 여전히 더 큰 것도 현실이다. 게다가 협의이혼으로 헤어지는 것은 여전히 가능하기 때문에 굳이 법원이 나서 잘못한 쪽을 도와줄 이유가 없다는 것이다(대법원 2015. 9. 15. 2013므568).

그래도 함께할 수 없다면

이러한 대법원의 입장에는 '아직까지'라는 단서가 붙는다. 법은 살아 움직인다. 국회의원들도 하는 일이 있어야 할 것 아닌가. 그들은 늘 법을 고치고 새로 만든다. 설령 법은 그대로라도 대법원이 시대 흐름에 따라 그 뜻에 대한 해석을 바꿀 수 있다. 앞서 내놓았던 해석과 다르게 판례를 변경하는 것이다. 대법원은 대법원장을 포함해 모두 14명의 대법관으로 구성되어 있다. 일반적인 사건들은 3명의 대법관이 하나의 부서로 판결을 내린다. 하지만 기존의 법 해석을 바꾸거나 사회적 파장이 큰 사건을 다룰 때는 14명 모두 모인 전원합의체에서 판결을 내린다. 가령 세월호 사건이나 대한항공의 땅콩 회항 사건 등은 대법원 전원합의체에 회부되었다.

앞서 소개한 대법원의 입장 역시 전원합의체에서 정한 것이다. 하지만 유책주의와 파탄주의 논란은 현재진행형이다. 언제 바뀔지 모른다. 게다가 각 가정법원에서는 파탄주의에 가깝게 운영하기도 한다. 일반적인 민사소송과 가사소송은 아무래도 다르다. 법대로 옳고 그름을 따지기보다는 가능하면 정신적인 고통을 덜 겪는 쪽을 '정의'로 보기도 한다. 그래서 판사도 재판을 진행하면서 꼭 법대로 결론을 내려 하지 않고, 당사자들끼리의 협의로 끝낼 수 있도록 유도한다. 그 과정에서 사실상 파탄주의에 따른 결론이 나올 수도 있다. 다른 종류의 재판이라면 잘못된 진행이지만, 가정법원에서는 조금 다르다.

사실 대법원도 예외를 두고 있기는 하다. 우선 생각해볼 수 있는 것이 이미 오래전 파탄에 이르러 각자의 삶을 살고 있을 때이다. 부부가 각자 다른 집에서 수십 년째 살아왔다면 양쪽 다 동거·부양·협조와는 거리가 멀어진 지 오래이다. 물론 처음에는 어느 한쪽 잘못이 더 클 수 있겠지만, 긴 시간이 흐르다 보면 누구 잘못인지 따지는 것이 아무 의미가 없게 된다(대법원 2009. 12. 24. 2009므2130).

또한 법원에서 누가 더 잘못했는지 따지기 어려울 때도 있다. 누가 먼저 시작했든 양쪽 다 책임을 져야 하는 상황일 수 있다. 남편의 냉대와 경제적 무관심 때문이라고는 하지만, 아내도 남편의 직장에 찾아가 소란을 피우고 가출까지 했다면 결국 둘 다 잘못한 것이다. 게다가 상대방이 잘못했다면서 각자 이혼까지 청구하고 있다면, 어느 쪽 손을 들어 이혼을 허락하든 상관없다고 본다(대법원 1987. 12. 8. 87므44).

또한 누가 봐도 더는 부부로 살기 원하지 않는다는 게 명백한데, 단지 오기나 보복하고 싶은 마음에 이혼해주지 않는다면 역시 예외적으로 잘못한 쪽이 이혼 청구를 하더라도 받아준다. 이를테면 남편이 다른 여자들을 만나고, 술에 취해 폭행까지 휘둘렀다. 그러면서 부부로서의 생활은 사실상 끝이 났다. 남편의 잘못을 찾아내 고소하고 형사처벌까지 받게 했지만, 아내는 정작 이혼은 해주지 않는다. 끝내 남편 명의 재산까지 빼앗고 신용불량자로 만들었다면 남편이 이혼을 요구해도 되지 않겠는가(대법원 2004. 2. 27. 2003므1890).

헌법 제27조

① 모든 국민은 헌법과 법률이 정한 법관에 의하여 법률에 의한 재판을 받을 권리를 가진다.

그/그녀에게서 낯선
향기가 난다면

6

불륜이란 이름의
부정행위

결혼은 독점적이고 배타적인 계약이어서 제3자가 끼어든다면 부정행위에 해당한다. 명백한 계약 위반으로, 대표적인 이혼 사유이다. 결혼 여부를 떠나, 법을 떠나, 많은 커플이 헤어지는 이유이기도 하다. 그래서일까? 그/그녀에게서 낯선 향기를 느꼈다는 광고 문구가 사람들의 눈과 귀를 강렬하게 사로잡기도 했다. 서로에 대한 믿음의 문제인 만큼 법은 부정행위의 범위를 넓게 잡고 있다. 직접적인 육체관계가 없더라도 부부로서의 의무에 반하는 일체의 행위를 포함한다. 몸보다 마음이다.

왜 슬픈 예감은 틀린 적이 없나

길을 걷다 스쳐가는 익숙한 향기 때문에 뒤를 돌아본 적이 있는가. 꼭 횡단보도처럼 멈추기 어려운 곳에서 언제 어디서인지 기억나지 않는 익숙한 향기를 느끼는 일이.《잃어버린 시간을 찾아서》의 작가 마르셀 프루스트의 이름을 따 이를 '프루스트 효과'라고도 부른다. 기억을 소환하는 향기의 능력은 뛰어나다. 후각은 가장 오래된 인간의 감각이고, 그만큼 섬세하게 오래 남는 기억이라고 한다. 과거에 그리 민감할진대 현재는 오죽할까? 살을 맞대고 사는 부부라면 배우자의 것이 아닌 다른 사람의 냄새가 섞여들었을 때 달라진 그/그녀의 향기를 놓칠 수 없을 것이다. 무슨 일이 있었던 걸까? 불행한 상상을 걷잡기 힘들리라. 게다가 슬픈 예감은 좀처럼 틀리는 법이 없다.

법으로 정해놓은 여섯 가지 이혼 사유의 첫 번째가 부정한 행위이다. 그래서 혼인한 부부는 '정조의무'가 있다고 거꾸로 유추해낸다. 그런데

5장에서 소개한 법원의 해석에 따르면, 부정한 행위는 간통보다 더 넓은 개념이다. 정조의무에 충실하지 않은 일체의 행위라고 한다(대법원 1993. 4. 9. 92므938).

2015년 헌법재판소의 결정으로 폐지된 간통죄는 배우자 있는 사람 혹은 상대방이 배우자가 있다는 사실을 알면서 '직접적인 성관계를 가질 때'를 형사처벌 대상으로 삼았다. 좋다 나쁘다를 따지는 것이 아니고, 육체적인 결합이 있었느냐 아니냐의 문제이다. 범죄로 봤던 만큼 막연하게 두 사람이 가깝게 지냈다는 것으로는 성립하지 않는다. 20××년 ×월 ×일 ××시경 L호텔 101호에서 1회 관계를 가졌다는 식으로 정확하게 사실을 밝혀야 했다. 설령 가출해서 다른 사람과 살고 있었다고 해도 그것만으로 성관계까지 했다는 사실을 인정하지 않을 만큼 엄격하게 따졌다.

그런데 이혼 사유가 있느냐를 따질 때는 간통죄처럼 엄격하지 않다. 배우자가 아닌 다른 사람에게 눈길을 주는 수상한 짓으로도 법은 부정하다고 본다. 물론 막연한 의심만으로 법적인 잘잘못을 따질 수는 없다. 겉으로 드러나는 모양새가 객관적으로 봤을 때, 배우자에게 충실하겠노라는 혼인 서약에 반하는 행동을 그/그녀 스스로 원해서 했을 때를 가리킨다. 단적인 예로 성폭행을 당한 A는 부정행위를 한 게 아니지만, 타인을 강간하거나 강제추행을 한 B는 부정행위를 저지른 것이다(대법원 1976. 12. 14. 76므10).

한편, 형법과 민법의 가장 큰 차이 중 하나가 민법의 영역에서는 작정하고 한 일이 아니라 실수일지라도 책임을 져야 한다는 것이다. 가족법 역시 민법의 영역에 있다. 이를테면 술에 잔뜩 취해 하룻밤 정사를 저질렀대도 부정한 행위라고 볼 것이다.

얼마나 아파야 법적으로 헤어질 수 있을까?

　다른 이혼 사유도 마찬가지겠지만, 특히 부정행위의 사례는 주의해서 봐야 한다. 의심하는 정도라 해도 사람이기에 쉽게 감정이입할 수 있기 때문이다. 감정이 앞서면 겉으로 드러난 사실이 아니라 의심 그 자체를 사실로 믿을 수 있고, '정도'의 차이를 무시해버릴 수도 있다. 단 한 번 비슷한 일이 생겼다고 당장 이혼하겠노라 준비하지는 말고, 다음의 이혼 사유에 해당하는 사례들을 참고해보라.

　최근에는 잦은 전화 통화, 문자 메시지 등이 부정행위의 증거로 인정되는 추세이다. 배우자와의 갈등으로 힘들어하는 시점에 "우리 잘 이겨낼 거라 믿어요, 힘들어한 만큼 백배 천배 행복하게 살아요", "당신을 위해 힘들어도 잘 참을게요"라는 내용의 문자 메시지를 누군가와 주고받았다면? 현재의 혼인 관계는 그저 겉보기일 뿐, 이미 마음이 떠나 새로운 미래를 꿈꾸고 있다는 건 판사가 아니라 길 가는 누구라도 짐작할 수 있지 않은가. 한 달 넘게 날마다 10통 안팎의 문자 메시지를 주고받았다면, 법원은 역시 부정한 행위의 강력한 증거로 인정했다.

부정행위로 인한 이혼 사유

사례 1 이아내는 조남편의 스마트폰에서 이런 내용의 문자 메시지를 발견했다. "오빠 보고 싶어, 사랑의 배터리 방전되면 충전하러 가야지", "우리 만남 중 최고였어", "사랑해요"……. 이아내는 이 문자 메시지를 근거로 이혼을 주장했다.

→ 법원은 다른 증거를 찾지 못했더라도 위 내용만으로 아내의 이혼 요청을 받아들였다(단, 대법원이 아닌 지방법원 종결 사건이고, 최종 결론이 아닐 수 있으므로 사건번호는 생략한다).

사례 2 박노인은 배우자를 떠나 다른 사람과 동거했다. 하지만 노년의 안식을 찾은 것일 뿐 육체적인 사랑에 탐닉하지는 않았다. 68세라는 적지 않은 나이에 중풍까지 앓아 왼쪽 몸이 성치도 않다. 그는 다른 이유라면 몰라도 정조의무 위반은 아니었다고 강력히 주장한다.

→ 법원은 부정한 행위에 해당한다고 봤다(대법원 1992. 11. 10. 92므68). 직접적인 육체관계가 중요한 것이 아니라, 부부 사이의 신뢰를 깨뜨렸느냐가 문제이다.

사례 3 빚 독촉에 시달리던 정남편이 집을 나가 6년 동안 돌아오지 않았고, 간간이 '찾지 말라'는 소식만 전해왔다. 최아내는 남편을 수소문해 찾는 한편, 식당 등에서 일하며 어렵사리 생계를 이어갔다. 그러다가 1년여 전에 다른 남자를 만났고 여러 차례 육체관계를 갖기에 이르렀다. 이 혼인 관계의 파탄 이유는 누구에게 있을까?

→ 최아내의 잘못을 탓하며 제기한 이혼소송에서 법원은 정남편 편을 들어줬다(대법원 1983. 4. 26. 82므63). 사정은 딱하지만 먼저 이혼을 하고 새로운 사랑을 찾아야 했다.

사례 4 유아내는 김남편 아닌 다른 남자와 저녁을 먹고 클럽까지 갔다. 늦게까지 놀다 그 남자가 운전하는 차를 타고 집에 돌아왔다. 고개를 끄덕이기 전에 남은 이야기를 마저 들어보자. 실은 유아내가 그 사람을 만난 이유가 김남편의 사업에 도움을 주기 위해서였고, 단둘이 다닌 것이 아니라 양쪽 모두 다른 친구들이 있었다.

→ 법원은 부정한 행위가 아니라고 봤다(대법원 1986. 6. 10. 86므8).

권리 위에 잠자지 마라

"집에 계속 안 들어오고 있다고요? 다른 사람과 함께 사는 것 같다고요? 그럼 그냥 말씀만 하실 게 아니라 법원이 알 수 있게끔 입증을 하셔야죠."

"그걸 어떻게 하면 됩니까?"

"그걸 저에게 물어보시면 안 됩니다."

"그럼 그걸 누구에게 물어봐요?"

"……."

답답해하는 당사자와 이런 일이 한두 번이 아니어서 안타까운 판사. 돌아서 법정을 나서며 원망 섞인 푸념을 내뱉는 당사자의 모습을 종종 볼 수 있다. 난생처음 오는 법원에서 무얼 어떻게 해야 할지 좀처럼 알기 어려운데, 판사가 도와주질 않는다. 변호사를 선임하지 않은, 경제적으로 어려운 사람에게는 이렇게 재판의 벽이 더욱 높아 보인다.

어떤 사실이 이혼 사유 여섯 가지 중 하나에 해당하는지 당사자가 법원에 이야기하고, 증거로 뒷받침하면서 이혼을 요구해야 한다. 한때 살갑게 산 배우자였던, 법적으로는 여전히 배우자인 사람을 두고 그 사람이 이러저러한 잘못을 저질렀으니 함께 살지 않게 해달라는 판결을 요구하는 것이어서 무척 어려운 일이다. 개중에는 여전히 한집에서 살고 있는 경우도 많다. 어떻게 해야 할까? 몸도 마음도 힘들어 죽겠으니 법원이 사정을 알아서 잘 파악하고 판단해서 필요한 조처를 해주면 안 되는 걸까? 안 된다.

우리 법은 '변론주의'를 원칙으로 하고 있다. 법원에 무엇인가 바라는 것이 있으면, 그 사실을 주장하고 뒷받침하는 증거를 내야 한다. 판사는 그걸 기초로 상대방의 주장과 증거를 비교한 다음, 어느 쪽 이야기가 맞는지 판단한다. 절대로 판사가 '알아서' 필요한 내용을 파악하지 않는다. 이런 원칙은 민사소송에서 '처분권주의'로도 이어진다. 이에 따르면 법원은 당사자의 신청 없이 소송을 시작하거나 신청 범위를 넘어서 재판할 수 없다. 이를테면 원고가 1,000만 원을 받아야 한다며 소송을 걸었다. 그런데 판사가 증거로 나온 서류들을 살펴보니 받을 수 있는 돈은 2,000만 원이었다. 그래도 판사는 1,000만 원을 주라고 판결한다. 원고가 1,000만 원을 받게 해달라고 요구했기 때문이다.

형사소송 과정도 비슷하다. 검사는 이러저러한 죄를 지었으니 피고인에게 형벌을 내려달라고 요구한다. 증거도 제출한다. 피고인은 그런 일이 없다며 검사가 낸 증거가 잘못됐다고 한다. 양쪽은 대등한 위치에서 다투고, 판사가 증거에 따라 누구 말이 옳은지 판단하는 것이다.

왜 이런 방식을 택했는지는 반대 개념인 '직권주의'를 알면 이해할 수 있다. 판사가 직접 이것저것 캐묻고 증거도 찾아내면 되지 않느냐고? 판사는 신이 아니다. 과거에 어떤 일이 있었는지 완벽하게 알 수 없다. 알아볼 만큼 알아보다 결국 사극에서 흔히 보던 장면으로 이어진다. "바른말을 할 때까지 매우 쳐라!" 동서양을 막론하고 정의라는 이름으로 온갖 고문이 자행됐다. 정말 죄를 지은 사람도 있었겠지만, 심한 고문을 받다 보면 억울한 일이 생길 수밖에 없었다. 무엇보다 그런 식의 재판은 왕이나 귀족 같은 '우월한' 존재가 '미천한' 백성을 다스리는 구조라 가능했다. 오랜 세월 동안 당하기만 했던 사람들이 자유와 평등을 외치며 혁명을 시작했고, 마침내 민주주의를 이룬 것이다. 프랑스혁명의 군중이 바스티유 감옥부터 불태웠던 것도 그곳이 직권주의의 상징이었기 때문이다.

변론주의는 귀찮은 절차가 아니다. 법정 안에서 민주주의를 실현한 것이다. 평등한 당사자들끼리 각자 자신의 권리를 다투고, 판사는 심판을 본다. 각자가 주권을 가진 국민이고 어른이기 때문에 자기 권리는 자기가 챙겨야 한다. 권리 위에 잠자는 자는 보호받지 못한다는 격언이 법률이 사회를 바라보는 근본이다. 물론 변호사 제도를 비롯한 국가의 각종 보호 장치는 있다. 그러나 그런 제도들도 스스로 찾아 나설 때 비로소 내 손을 잡아준다는 사실을 기억하자.

좋은 게 좋은 것도 법의 원칙 속에서

변론주의의 의미를 이해하면 고개가 끄덕여지지만, 여전히 부담스럽게 느껴진다. 경찰이나 검찰이라면 모를까 민간인이 무슨 수로 사적인 증거를 모을 수 있을까. 언뜻 심부름센터 같은 곳을 떠올려보지만 불법이 아닌지 걱정스럽기도 하다.

사실 공권력을 가진 수사기관도 증거를 찾는 일은 쉽지 않다. 국민의 자유와 권리를 지켜야 하는 민주주의 국가인 만큼, 임의수사가 원칙이다. 필요한 자료가 있더라도 자발적인 개인의 동의를 얻어야 한다. 압

수나 수색 같은 강제수사는 신체의 자유, 사생활의 자유를 제한하는 일인 만큼 반드시 법원의 영장을 받아서 해야 한다. 영장이 있더라도 마구잡이가 아니라 어떤 혐의로 수사하는지, 어떤 물건들을 찾으려 하는지 알려줘야 한다. 법에 따른 절차를 지켜야 한다.

만약 적법한 절차를 지키지 않는다면? 똥 묻은 개가 겨 묻은 개 나무랄 수 없다. 불법적으로 얻은 증거는 법원에서 받아주지 않는다. '미란다 원칙'이라는 말을 들어봤을 것이다. 1960년대 미국 범법자의 이름을 딴 것으로, 미란다는 납치와 강간의 중범죄로 체포되어 법정에 섰다. 수사 과정에서 죄를 지었다는 사실도 자백했다. 그런데 그를 체포하는 과정에서 불리한 진술을 거부할 수 있는 권리, 즉 변호인의 도움을 받을 수 있는 권리가 있다는 사실을 경찰이 알려주지 않았다. 그러니까 미란다는 죄를 지었다는 사실을 털어놓지 않아도 됐는데, 몰라서 자백했던 것이다. 법원은 그의 자백이 적힌 진술서를 증거로 쓸 수 없다고 했다. 결국 미란다는 증거가 없어 무죄로 풀려났다. 죄를 지었다는 사실을 법적으로는 입증할 수 없었기 때문이다.

선뜻 공감하기 어려울 수 있다. 죄지은 게 뻔한 사람을 풀어주는 게 어떻게 정의냐고 항변할 수도 있다. 하지만 이런 원칙을 지키지 않으면 공권력이 폭주하기 마련이다. 자백하지 않아도 된다는 사실을 알려주지 않는 정도가 아니라, 자백을 강요해서 진술을 얻으려 할 수 있다. 어쨌든 결과가 좋으니 좋은 것 아니냐는 생각은 겉만 번드르한 독이 든 과일을 먹는 것처럼 위험하다. 벼룩 잡으려다 초가삼간 태워 사회 전체에 위협을 주었던 역사적 경험이 여러 번 있었다.

공권력은 민간인에 대해서도 엄격하다. 유명 연예인이 배우자의 불륜을 의심한 나머지 승용차에 위치 추적 장치를 부착해 말썽이 일었던 적이 있다. 재판 끝에 결국 위치 정보 추적 혐의로 유죄판결을 받았다. 요즘은 스마트폰이 가장 뜨거운 감자이다. 내가 어디서 무엇을 하고 누구를 만나는지 스마트폰은 다 알고 있다. 의심스러울 때 혹은 그렇지 않더라도 배우자의 스마트폰을 슬그머니 보고 싶을 수 있지만, 잠금장치를 푸는 순간 사생활 침해가 된다.

배우자끼리 무슨 그런 팍팍한 말을 하냐는 건 전근대적 사고이다. 혼인 관계는 각자의 인격과 권리의 존중에서부터 출발한다. 스마트폰을 열어보거나 등기처럼 받는 사람을 콕 짚어 보내온 우편물을 뜯어보면 '비밀침해죄'로 처벌받는다. 포털 사이트에 접속해 이메일을 점검해봤다면 '정보통신망법' 위반으로 가중처벌하기도 한다.

그럼 도대체 어떻게 하란 말이냐! 볼멘소리를 하지는 마시라. 부정행위에 대한 법원의 정의를 다시 한번 떠올려보자. 간통보다 넓은 행위, 정조의무를 어기는 일체의 행위라고 하지 않았나. 간통은 형사처벌을 전제로 한 것이기 때문에 육체관계 그 자체에 대한 증거가 필요했고, 현장 사진 따위를 얻기 위한 극단적인 방법들이 동원됐다. 하지만 가사 소송에서 부정행위는 그만큼 엄격한 증명을 요구하지 않는다. 주변 사람들의 이야기라든가 공개된 장소에서 우연히 찍힌 사진, 배우자로서 살면서 직접 겪은 의심스러운 정황 같은 것으로 충분히 증명할 수 있는 경우가 많다. 그러니 '결정적' 증거를 찾는답시고 범죄의 길을 걷지 마시라.

들키지 않은 바람이면 괜찮다?

사랑의 유통기한에 대한 여러 가설이 있다. 이성을 자극하는 호르몬이 몇 개월까지 나온다거나, 혹은 신혼을 언제까지로 보느냐 설문조사를 하기도 한다. 이런 말이 나온다는 사실 자체가 혼인의 무게가 사랑보다 무겁다는 증거 아니겠는가. 결혼 계약에는 정해진 기한이 없으니까.

그런데 부정행위를 이유로 헤어지는 기한은 정해져 있다. 상대방이 부정한 행위를 저질렀다는 것을 안 날에서부터 6개월이 지나면 더는 그 이유로 이혼하자고 요청할 수 없다. 설령 몰랐더라도 그런 일이 있었던 날에서부터 2년이 지나면 마찬가지로 끝이다. 2년만 버티면 적어도 법적으로는 없던 일이 된다.

민사든 형사든 법에는 이처럼 기간의 한계를 정해놓는 경우가 많다. 소멸시효, 제척기간, 공소시효⋯⋯. 용어가 다르고 그 내용도 약간씩 차이는 있지만, 정해진 기간이 지나면 권리가 사라진다는 점은 같다. 받을 돈이 있었는데 이제 와서 달라고 할 수 없다. 뒤늦게 범인을 찾더라도 재판에 넘겨 벌을 받도록 할 수 없다. 이렇게 하는 가장 큰 이유는 '법적안정성' 때문이다. 법은 많은 사람이 함께 살아가기 위해 정한 약속이다. 어떤 생활 상태든 상당한 시간이 흐르면 사람들은 그 상태에 대한 믿음을 갖게 된다. 그걸 기초로 이런저런 삶을 쌓아올린다. 설령 잘못된 일일지라도 나중에 되돌리려면 너무 많은 것이 허물어질 수 있다. 잘못된 일을 밝힐 증거가 남아 있지 않을 수도 있다. 그래서 그 상태 그대로 가자는 결단을 내린 것이다. 물론 세상이 바뀌다 보면 이전에 정해놓은 기한이 달라질 수도 있다. 예를 들어 우리나라는 2015년부터 살인죄에 대해서는 끝까지 처벌할 수 있게 공소시효를 없앴다.

부정행위를 이유로 한 이혼 사유에는 면죄부를 주는 방법도 있다. 상대방이 미리 동의했거나 일이 벌어진 후 용서하는 것이다. 이를테면 이미 이혼하기로 합의한 후라면 배우자 아닌 다른 사람을 만났다 하더라도 그걸 문제 삼을 수 없다(대법원 1997. 2. 25. 95도2819). 다른 사람을 만나도 좋다고 미리 동의했다고 보는 것이다. 그거야 당연한 것 아니냐고? 그럴 수도, 아닐 수도 있다. 일단 한 번 용서했다면, 적어도 법적으로는 그 사유를 들어 이혼하자고 요구할 수 없다는 의미가 있기 때문이다. 다만, 동의건 용서건 확실하게 겉으로 드러난 의사가 있어야 한다. 일종의 권리를 포기하는 것이기 때문에 알고도 말없이 넘어갔다는 정도로는 부족하다는 것이 법원의 입장이다.

시간이 흘렀다거나 들키지 않았다며 넘어가고, 그러지 않더라도 용서하면 괜찮다는, 이런저런 가능성을 만들어둔 까닭은 뭘까? '부정한 행위'라면서 넓게 이혼 사유를 정했는데, 반대로 빠져나갈 구멍도 여기저기 뚫어놓은 까닭 말이다. 명료할수록 좋은 것이 일반적으로 법률을 만드는 방법이지만, 그러기에는 혼인이라는 관계 자체가 너무나 많은 사연을 품고 있기 때문 아닐까? 시대적 배경과 인물이 특수하기는 하지만, 작고한 배우 신성일은 공공연하게 혼외 관계를 밝히는 것조차 모자라 책으로 출판까지 했다. 그런데도 그의 배우자인 엄앵란은 죽음이 갈라놓을 때까지 법적인 부부 관계를 유지했다. 혼인이라는 행위 자체가 법으로 이래라저래라하는 한계가 있을 수밖에 없는 것 아닐까.

민법 제840조(재판상 이혼 원인)
부부의 일방은 다음 각호의 사유가 있는 경우에는 가정법원에 이혼을 청구할 수 있다.
1. 배우자에 부정한 행위가 있었을 때

제841조(부정으로 인한 이혼청구권의 소멸)
전조 제1호의 사유는 다른 일방이 사전 동의나 사후 용서를 한 때 또는 이를 안 날로부터 6월, 그 사유 있은 날로부터 2년을 경과한 때에는 이혼을 청구하지 못한다.

사랑이 떠난 자리,
돈이 남는다

7

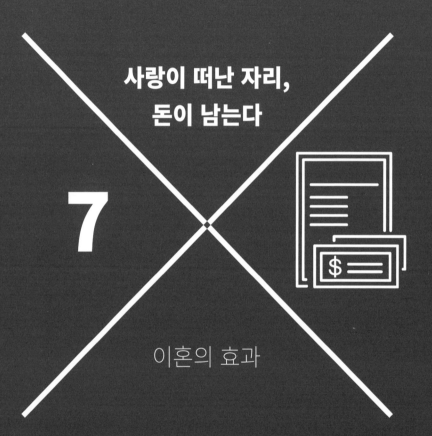

이혼의 효과

잘못을 저지른 쪽이 잘못한 만큼 돈으로 물어내야 한다. 이는 민법이 정하고 있는 손해배상에 관한 기본 원칙이고, 가족 관계에도 똑같이 적용한다. 재판을 통한 이혼은 잘잘못을 따져야 한다는 '유책주의' 원칙과도 연결된다. 특별한 점은 마음을 아프게 한 만큼 정신적 손해도 위자료로 물어내야 한다는 것이다. 그런데 부부가 생활 공동체로서 함께 쌓아온 재산을 나누는 일은 누구 잘못으로 헤어지느냐와 별개이다. 그만큼의 재산을 형성하는 데 얼마나 기여했느냐가 문제 될 뿐이다. 각자가 어떤 것을 얼마만큼 나눠 가질 수 있는지 찬찬히 알아보자.

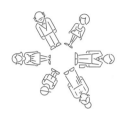

얼마면 될까? 얼마면 되겠냐?

인기 배우 원빈의 드라마 속 유명한 대사이다. 잘생긴 배우가 사랑의 아픔을 표현할 때여도 기가 막히는데, 현실에서 헤어지는 마당에 서로 쏟아내듯 들으면 지독히 아프다 못해 분노가 차오르는 말이다. 하지만 사랑은 짧고 생활은 길다 하지 않던가. 혼인 관계를 정리하려면 이혼 그 자체보다 얼마에 정리할지 따지는 일이 훨씬 복잡할 때가 많다. 부부는 경제적 공동체로 살아오면서 쌓아온 재산을 정리해야 하고, 각자 앞으로 살아가는 일 역시 생각해야 한다. 감정이 격해진 나머지 어떻게든 헤어지는 일에만 몰두하다 크게 후회하는 경우를 심심찮게 볼 수 있다. 얼마면 되는 일인지 냉정하게 따져보자.

파혼에 관해 살펴보면서 손해는 돈으로 물어내도록 법으로 정해놓았다는 사실을 알았다. 손해라는 말은 잘못한 사람과 그로 인해 피해를 본 사람이 있다는 것이다. 이는 우리 법원이 이혼에 유책주의를 택하고 있다는 점과 연결된다. 잘못한 쪽이 먼저 나설 수는 없고, 잘못한 사람을 상대로 그러지 않은 사람이 이혼을 청구한다는 원칙이다. 그렇게 이혼을 청구하는 쪽이 손해배상도 함께 청구하는 것이다. 부부로서 신뢰를 깨뜨린 불법행위에 대해 물어내라고 하는 것이다. 과연 얼마면 될까? 이는 '무엇을 손해로 볼 것이냐'에서 시작해야 한다. 우리 법원은 일반적으로 불법행위가 없었다면 유지했을 재산 상태와 불법행위가 벌어진 현재 재산 상태의 차액을 손해로 본다(대법원 1992. 6. 23. 91다 33070). 차액을 어떻게 계산하는지 살펴보자.

간단하게 자동차 사고의 예를 들어보자. 주차하다 실수로 다른 자동차의 뒤쪽 범퍼를 심하게 긁었다. 사람이 타고 있지 않았더라도 그대로 가버리면 요즘엔 뺑소니로 처벌받을 수 있다. 연락처를 남겨 당연히 손해를 물어줘야 한다. 차의 상태에 따라 도색을 하거나 아예 교체해야 할 수도 있다. 자동차 자체가 망가져 손해를 입은 것으로서 적극적 손해라고 부른다. 수리하는 동안 차주는 비슷하거나 같은 차량을 대여하거나 택시를 이용해야 한다. 자동차를 쓰지 못해 입은 소극적 손해라고 한다. 사람이 다쳤다면 어떨까? 병원 치료비가 적극적 손해고, 입원한 동안 일을 못해 벌지 못한 돈이 소극적 손해가 된다. 구체적인 손해배상 액수는 얼마나 비싼 자동차였는지, 일당으로 따져 얼마나 많은 돈을 버는 사람이 입원했는지에 따라 달라질 것이다.

잘잘못의 크기보다 손해의 크기에 따라 물어주는 것이 타당한지 의문이기는 하다. 돈이 많은 편이라면 큰 잘못을 저질렀더라도 물어줘야 할 부담은 크지 않을 것이다. 반대로 가난한 사람이 부유한 사람 혹은 그 사람의 자동차라도 망가뜨리면 감당할 수 없는 일일 것이다. 종종 사회적 문제가 되는 '갑질'의 배경에는 우리 법이 손해배상을 따지는 방법도 기여하고 있다. 얼마면 되냐고 고액권 몇 장 쥐어주고 끝내려는 태도 말이다.

아무튼 위 기준은 어디까지나 일반적인 재산상 손해에 대한 것이다. 그런데 이혼할 때도 재산상 손해가 발생할까? 남편이나 아내가 벌어오는 돈이 없어진다고? 그건 부부로서 부양의무를 지켰던 것이다. 이혼으로 남남이 되면 그럴 의무도 당연히 없어진다. 이혼 그 자체로 인한 재산상 손해는 원칙적으로 없다(뒤에 살펴볼 재산 분할은 별개의 문제이다). 대신 정신적 손해, 일반적으로 위자료라고 부르는 문제가 남는다.

아픈 마음이 돈으로 치유될까?

김새는 말부터 하자면 우리 법은 정신적 손해에 많이 박하다. 다른 사람의 불법행위로 피해를 봤더라도 재산상 손해를 배상받으면 그로 인한 정신적 고통에서도 회복된다고 본다(대법원 1991. 6. 11. 90다 20206). 세상을 떠난 부모님이 남겨준 물건처럼, 가진 사람에게 특별한 의미가 있는 물건을 망가뜨렸더라도 원칙적으로 '물건값'만 물어주면 된다는 뜻이다.

아주 예외적으로 재산상 손해배상으로는 회복할 수 없는 정신적 손해가 남아 있다고 볼 수 있는 경우에는 위자료 청구를 허용한다(대법원 1995. 5. 12. 94다25551). 그러나 정신과 치료를 받아야 할 정도로 심각한 상황이 아니고서는 실제 인정해주는 경우를 찾아보기 어렵다. 이혼에 관한 판례들은 아니지만, 기본적 입장이 그렇다 보니 이혼소송에서도 파격적으로 달라지기는 쉽지 않다.

이혼에 대해 우리 법은 과실 있는 상대방에게 이로 인한 손해배상을 청구할 수 있다고 따로 정하고 있다(민법 제806조, 제843조). 또한 정신적 고통에 대해 책임을 지라고 못 박아놓았다(제806조 제2항). 이혼소송에 관해서 만큼은 예외가 아니라 법에 의한 위자료 청구권을 원칙적으로 인정하는 것이다. 나아가 우리 법원은 위자료 청구의 상대방을 배우자로 한정하지 않는다. 혼인 관계에 부당하게 끼어들어 결국 이혼에 이르게 만든 시어머니도(대법원 2000. 11. 10. 2000므995), 결혼한 사람인 줄 뻔히 알면서 불륜을 부추겨 부부 사이를 갈라지게 만든 사람도(대법원 2015. 5. 29. 2013므2441) 손해배상 책임을 인정하고 있다. 특히 간통죄가 없어진 이후로는 배우자와 바람을 피운 사람을 상대로 한 소송이 늘어나는 추세이다.

그럼 과연 얼마나 청구해야 할까? 배우자가 아니라 원수라고 이를 갈 정도라고 가정해보자. 가정 폭력으로 10여 년을 시달리면서도 뒷바라지하고 자녀들 돌보느라 세월을 보냈는데, 늘 속을 썩였던 배우자가 이제 와 새로운 사랑을 찾았노라 하며 가족을 돌보지 않는다면 말이다. 아무리 100세 시대라도 잃어버린 청춘을 무슨 수로 되돌릴 것인가. 명백하게 상대방 잘못이다. 상대방이 수억 원대 자산을 가지고 있다면 그거라도 뺏어야 속이 시원하지 않을까?

돈이라도 많이 받고 싶은 마음이야 당연하지만 쉬운 문제가 아니다. 위자료를 계산하는 데 큰 어려움은 고통을 돈으로 환산하기가 어렵다는 점이다. 심리적 충격이나 슬픔, 명예훼손처럼 이혼에 따른 고통이 있다. 가정 폭력이나 부정행위 때문이라면 그 자체가 주는 고통도 있다. 그런 것들은 물건처럼 수리하는 데 얼마가 든다고 값으로 매길 수 없다. 그래서 법원도 위자료에 대해서는 변론주의를 고집하지 않는다. 청구하는 쪽에서 얼마인지 일일이 입증해야 하지 않는다. 법원이 유책 행위를 저지른 이유와 정도, 함께 살았던 기간, 경제적 상황, 앞으로 예상되는 생활 같은 것을 직접 따져 책정한다. 결론적으로 위자료 판결 액수는 대개 1,000만 원 내지 2,000만 원 정도이다. 법원마다 차이는 있지만 3,000만 원 정도를 기본으로 삼아 이것저것 따진다. 뉴스에 나올 정도의 최고 액수가 5,000만 원이었다.

1,000만~2,000만 원은 누군가에게는 판결이 있어도 실제로 주지 못할 돈일 수 있고, 누군가에게는 푼돈일 것이다. 정신적 손해배상에 인색하다는 우리 손해배상 제도의 논쟁거리가 이혼소송에도 그대로 이어지는 셈이다. 그나마 법으로 정해놓은 덕분에 잘못이 분명하면 안 주는 법은 없으니 위안으로 삼아야 할까? 돈 때문에 아픈 가슴을 꾹꾹 내리누르며 살아야 하는 것이냐고? 결론을 내리기에는 아직 이르다. 이혼소송에서 따지는 돈이 위자료만은 아니다.

내조의 가치

평범할 수도, 그렇지 않을 수도 있는 한 아내의 사연을 들어보자. 20

대 초반에 지금의 남편을 만났다. 교제를 시작한 지 얼마 되지 않아 아이가 생겼고, 숙명이라 여겨 결혼했다. 두 사람 모두 어렸기에 쉽지 않은 시작이었지만 열심히 살았다. 남편은 성실히 직장에 다녔고 아내도 허튼 낭비가 없었다. 아이가 어느 정도 자란 이후 아내는 학습지 교사 같은 부업으로 살림살이를 돕기도 했다. 그러는 동안 시댁의 지원으로 마련한 전셋집은 자그마한 아파트로 바뀌었고, 두 차례 평수도 늘려 옮겼다. 셈이 빠른 아내 덕에 이런저런 재테크로 금융자산도 꽤 모았다.

그런데 아이가 대학에 진학하고 경제적·시간적 여유가 생기면서 아내는 회의에 빠졌다. 자신의 삶을 어디서 찾아야 할지 몰랐다. 남편에게 딱히 문제가 있는 것은 아니지만, 그렇다고 정을 느끼기도 어려웠다. 100세 시대라는데 남은 50여 년을 이렇게 산다는 것이 무의미했다. 마침 학원 일을 하는 친구에게서 함께하자는 제안도 받았다. 제2의 인생을 살고 싶다. 하지만 현실에 대한 두려움은 크다. 집을 비롯해 전 재산은 남편 것이다. 남편에게 법적인 잘못이 있는 것도 아니어서 위자료를 생각할 수도 없다. 조금이나마 기반을 가지고 시작하고 싶은데 가능할까?

그녀의 마음이 옳은지 그른지에 대한 도덕적 갑론을박은 하지 말자. 남편이 협의이혼에 응할 경우, 그녀가 얼마만큼의 돈을 요구할 수 있을지만 따져보자. 부부는 결혼해도 별산제가 원칙, 그러니까 각자 벌이는 각자의 것으로 삼는다고 했다. 하지만 서로 부양할 의무가 있는 데다, 사례에서처럼 오랜 시간 공동체로 살다 보면 내 것, 네 것 구분하기 어려운 것들이 생긴다. 헤어지는 마당이라면 그것을 어떻게 해야 할까?

우리 법은 부부가 이혼할 때 상대방에게 재산 분할을 청구할 수 있도록 하고 있다. 협의이혼을 할 때도, 재판상 이혼을 할 때도 마찬가지이다. 법원은 이를 함께 사는 동안 마련한 공동의 재산을 청산해서 분배하는 일이라고 한다. 나아가 이혼 후 상대방의 생활 유지를 어느 정도 보조하는 일이라고까지 하는가 하면(대법원 2000. 9. 29. 2000다25569), 상대방 잘못으로 이혼하는 경우에는 정신적 손해배상을 해주는 성질까지 포함한다고 한다(대법원 2000. 7. 28. 99다6180). 제도의 취지를 폭넓게 보고 있다. 이는 아무래도 아직은 여성이 경제적·사회적 약자인 경우가 많아서 보호하기 위한 수단이 필요하기 때문이다. 혹시 위자료에 관해 서운했던 마음이 들었다면 이어지는 설명으로 마음을 풀 수도 있을 것이다.

분할의 대상이 되는 재산은 부부가 함께 사는 동안 협력해 이룬 모든 것이다. 공동명의로 샀거나 살림살이에 필요한 가재도구 같은 것은 물론이다. 별산제 원칙에 따라 누구 한 사람 명의로 되어 있다면 일단 그 사람만의 재산으로 보지만, 실제로 다른 사람도 부담한 부분이 있다면 공동 소유로 봐서 나눠 가져야 한다. 사례에서처럼 재산이 모두 남편 명의로 된 경우도 드물지 않다. 전업주부의 경우 특히 그렇다. 법원은 설령 남편 이름으로 된 재산이라 하더라도 그걸 유지하는 데 아내의 헌신적인 가사노동이 있었다면 그 몫도 인정해줘야 한다고 한다. 내조의 가치를 결코 가볍게 여기지 않는다. 특히 사례에서의 전세 자금처럼 밑천을 시댁에서 가져왔더라도 그걸 키우는 데 기여한 부분을 적극적으로 인정해준다(대법원 1993. 6. 11. 92므1054).

재산 분할 역시 당사자가 협의해서 정할 수 있는 것은 물론이다. 다툼이 있는 경우 법원이 정해주는데, 위자료를 정할 때처럼 법원이 적극적으로 나서서 재산 현황을 파악하는 것부터 시작한다. 각자의 재산명세표를 내라고 한 다음 틀림없는지 상대방의 확인을 받는다. 얼마인지 모호한 물건들은 전문기관에 의뢰해 가치 평가를 받기도 한다. 그렇게 해서 빚이 있다면 그걸 뺀 순자산을 계산한다. 그다음 각자 얼마만큼 재산 형성에 기여했는지를 살펴본다. 누가 얼마를 벌었는지, 가사 노동은 얼마로 칠지, 혼인 기간은 얼마나 되는지와 함께 이혼 후에 자립할 수 있을지 역시 고려 대상이 된다. 이런 것들을 하나하나 따지는 것이 아니라 뭉뚱그려 법원이 볼 때 정당하다고 인정되는 비율을 정한다(대법원 1993. 5. 25. 92므501). 결론적으로 대개 여성이 30~50퍼센트가량을 인정받는다. 여성에게 직업이 있는 경우, 혼인 기간이 20년 이상 장기간일 때 더욱 유리하게 작용한다.

나눌 수 있는 것, 나눠야 하는 것

일단 비율을 정하면 다음은 어떻게 나눠 가질지의 문제가 남는다. 전체 재산을 돈으로 환산한 다음 현금으로, 그것도 일시불로 주도록 하는 경우가 압도적으로 많다. 다만, 부동산처럼 규모가 크고 당장 처분이 곤란한 경우에는 공유로 바꿔주는 것도 가능하다. 이와 관련해 몇 가지 문제를 살펴보자.

이혼할 때 나눌 수 있는 것

사례 1 이혼할 때 배우자의 퇴직금을 나눠 가질 수 있을까? 퇴직금이란 일정 기간 일을 했다는 것이니 일할 수 있도록 내조한 사실이 있으면 당연히 재산 분할의 대상으로 삼아야 할 것이다. 문제는 퇴직금을 받기 전인 모호한 나이에 이혼할 때이다. 법원은 아직 손에 쥐지 않았더라도 머잖아 목돈을 받을 것이 확실하다면 나눠 가지라고 한다. 다만, 그 금액은 이혼 시점까지를 기준으로 한다. 그러니까 20년 직장 생활을 하다 이혼했다면, 그때 퇴직한 것으로 가정해 받을 돈을 계산하라는 것이다. 이혼한 이후 임원으로 승진해 퇴직금이 폭발적으로 늘었더라도 그것까지 달라고 요구할 수는 없다.

사례 2 배우자가 퇴직금을 일시불이 아니라 연금 형태로 받는다면 어떨까? 특히 공무원이 매월 일정한 금액으로 받는 퇴직연금이라면 말이다. 공무원 연금의 일부는 월급 일부를 모아두었다가 나중에 주는 것이고, 일부는 국가에서 지원해주는 것이다. 살아 있는 기간에만 지급한다는 특징도 있다. 법원은 이 역시 매월 받는 돈의 일정 부분을 나눠주라고 한다. 다만, 그 비율은 공무원으로 일한 기간 중 혼인 기간이 얼마냐에 따라 다르게 정한다(대법원 2014. 7. 16. 2012므2888).

사례 3 영화나 드라마에서 여자 주인공이 가난한 고시생을 뒷바라지해 판검사로 만들어놨더니 배신당한다는 이야기가 종종 등장한다. 그런 전문직 자격이나 박사 학위처럼 장차 많은 돈을 벌 것으로 예상되는 어떤 것도 재산으로 봐서 나눠 가지라고 할까? 그것까지는 어렵다(대법원 1998. 6. 12. 98므213). 하기야 의사나 변호사라는 전문직 자격증만으로 고소득이 보장되는 시대는 끝나기도 했다.

사례 4 로또, 그러니까 거액의 복권 당첨금을 받게 됐다면? 씁쓸하지만 어느 설문 조사에서 로또에 당첨되면 하고 싶은 일 1위 응답이 "이혼하겠다"라는 것이었다. 그럼 배우자에게 그 돈을 나눠 달라고 할 수 있을까? 대법원까지 간 사례는 없지만, 지방법원 판결은 안 된다고 했다. 부부의 공동생활 자금으로 산 것도, 공동생활에 필요해서 산 것도 아니니까. 물론 당첨금으로 부동산이라도 마련하고, 그 이후 오랫동안 함께 살면서 그 재산을 유지해갔다면 공동의 재산으로 바뀌기는 할 것이다.

위자료와 재산 분할은 다르다

다시 말하지만 법원은 재산 분할을 할 때 이혼 사유를 누가 제공했는지, 이혼 후의 생활 유지는 어떠한지도 고려한다. 하지만 어디까지나 참고 사항일 뿐이니 오해하면 안 된다. 본질은 부부가 공동생활을 하면서 이룬 재산이니 헤어질 때 나누는 것이다. 그래서 잘못을 저지른 쪽, 설령 도의적으로는 한 푼도 요구하지 못할 만큼 심각한 이혼 사유가 있다 하더라도 여전히 재산 분할을 청구할 수 있다. 이외에도 오해하거나 혼동하기 쉬운 몇 가지 점들을 짚어보자.

3장 〈적과의 동침〉에서 자세하게 살펴보았듯이 사실혼 배우자는 상속을 받을 수 없다는 점 때문에 특수한 문제 상황이 발생할 수 있다. 사실혼 관계에서 전 재산을 남편 명의로만 해두었다가 갑작스레 남편이 의식을 잃고 쓰러지면, 가능한 한 빨리 사실혼 관계를 끝내고 재산분할 청구를 해야 한다. 그러지 않고 그대로 남편이 세상을 떠나면 상속을 전혀 받지 못해 곤란한 상황에 빠질 수 있기 때문이다. 남편이 쓰러졌는데 병실을 지키는 대신 법원에 가야만 하는 셈이다. 참으로 야속한 법이라고 하지 않을 수 없다.

이런 상황은 특정한 권리나 의무의 유무가 어떤 사실이 일어난 시각에 따라 달라지기 때문에 일어난다. 술 때문에 속 썩이는 한 남편이 있다. 견디다 못한 아내는 각서를 받기로 한다. 한 번만 더 술을 마시면 이혼할 때 남편이 재산분할청구를 포기하겠노라는 내용이다. 무일푼으로 쫓겨날지 모르니 술을 좀 줄이겠거니 기대하는 것이다. 손도장도 찍게 만들었고 공증까지 받았다. 혹시라도 정말로 이혼한다면 효력이 있을까? 없다. 왜냐하면 재산분할청구권은 이혼할 그 시점에 비로소 생기기 때문이다. 있지도 않은 권리를 포기할 수는 없다는 것이 법의 논리이다(대법원 2000. 2. 11. 99므2049). 실제 저런 각서들을 많이 쓰는데, 대부분 내용대로의 효력은 없다. 굳이 법원에 들고 가면 남편이 평소에 술을 많이 마셨구나 하는 사실을 인정하는 증거는 될 수 있을 것이다.

시점과 관련해 한 가지만 더 짚자. 50 대 50으로 재산 분할을 하라고 했는데, 현금으로 환산하는 시점은 언제로 잡을까? 부동산처럼 시가가 변하면 언제를 기준으로 값을 매길지 모호하다. 기준은 재판이 끝난 날이다. 그러니까 그날 땅값이 1억 원이었고, 토지를 공유하는 대신 돈으로 받기로 했다면 5,000만 원을 받을 수 있다. 만약에 정말 우연히도 그 직후 개발계획이 발표되면서 땅값이 천정부지로 치솟았다면? 저 인간과는 아주 끝까지 운이 나쁘구나 하는 수밖에.

민법 제806조(약혼 해제와 손해배상청구권)

① 약혼을 해제한 때에는 당사자 일방은 과실 있는 상대방에 대하여 이로 인한 손해의 배상을 청구할 수 있다.

② 전항의 경우에는 재산상 손해 외에 정신상 고통에 대하여도 손해배상의 책임이 있다.

제839조의 2(재산분할청구권)

① 협의상 이혼한 자의 일방은 다른 일방에 대하여 재산분할을 청구할 수 있다.

② 제1항의 재산분할에 관하여 협의가 되지 아니하거나 협의할 수 없는 때에는 가정법원은 당사자의 청구에 의하여 당사자 쌍방의 협력으로 이룩한 재산의 액수, 기타 사정을 참작하여 분할의 액수와 방법을 정한다.

제843조(준용규정)

재판상 이혼에 따른 손해배상책임에 관하여는 제806조를 준용하고, 재판상 이혼에 따른 자녀의 양육책임 등에 관하여는 제837조를 준용하며, 재판상 이혼에 따른 면접교섭권에 관하여는 제837조의 2를 준용하고, 재판상 이혼에 따른 재산분할청구권에 관하여는 제839조의 2를 준용하며, 재판상 이혼에 따른 재산분할청구권 보전을 위한 사해행위취소권에 관하여는 제839조의 3을 준용한다.

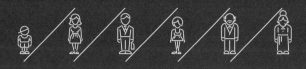

하늘도 끊을 수 없는 사슬

8

법에서의
부모 자식 관계

떼려야 뗄 수 없는 인연이 부모와 자식이다. 흔히 자식에게 화가 날 때 "호적에서 파버리겠다"라는 엄포를 놓지만 말뿐이다. 법적으로 그럴 방법은 없다. 부모라서 딱히 주어지는 것도 없다. 신분상·재산상 자식에 대한 권리와 의무를 통틀어 '친권'이라고 한다. 하지만 권리보다는 의무 쪽의 무게가 훨씬 무겁다. 보호하고 양육해 사회의 구성원으로 길러내야 한다. 그런 의무를 다른 사람보다 우선해 가진다는 것이 권리라면 권리이다. 하기는 부모 노릇을 제대로 못 하는 '생물학적 부모'가 많은 것도 현실이다. 배우자와 헤어진 후 자식마저 나 몰라라 하는 냉정한 부모는 법적으로 어떻게 해야 할까?

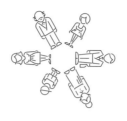

이름만 권리인 부모의 의무

자식이 '웬수'다, 자식 때문에 산다. 뭐가 맞는 말일까? 자식을 키워본 사람은 알겠지만 정떨어지게 미운 짓을 할 때도 있고, 먹는 모습만 봐도 세상사 힘겨움을 잊게 해주는 고마운 존재이기도 하다. 딱 잘라 어느 한쪽이라기보다는 여러 감정이 복합적으로 얽혀 있는 대상이리라. 그렇다면 법은 21세기 부모와 자식의 관계를 어떻게 정의하고 있을까? 법은 같은 시대를 함께 살아가기 위해 사람들끼리 정한 약속이다. 시대상을 반영하는 일이 필수일 텐데, 세상은 그 어느 시대보다 빠르게 변하고 있다. 세대 차이라는 말은 늘 있었지만 요즘처럼 뚜렷한 때가 또 있었을까! 그렇다면 가족에 대한 법의 인식은 지금 어떻게 바뀌었을까?

가족법을 포함한 대한민국 민법은 1958년 2월 22일에 제정(시행은 1960년 1월 1일)되었다. 30년을 한 세대로 본다면, 두 세대, 아니 처음 만든 사람들이 이미 기성세대였을 것이므로 우리 민법은 삼대 이전의 기준으로 만들어진 셈이다. 그사이 부지런히 개정했어도 기본적인 틀은 그대로일 수밖에 없다. 젊은 세대일수록 부모와 자식 사이의 무게를 잘 모를 거라는 생각은 나의 기우일까? 다른 법률관계와는 달리 부모 자식 관계는 DNA라는 얽히고설킨 사슬로 묶인 사이인 만큼 법은 더욱 보수적으로 다룬다. 자식 때문에 화난 부모들이 간혹 "호적에서 파 버리겠다"라는 식으로 분노를 표현하곤 한다. 그러나 이제는 호적이 아니라 가족관계등록부일뿐더러, 유감스럽지만 법적으로 그럴 방법이 없다. 부모에게 지워진 '친권'이라는 굴레가 무엇이냐에서 이야기를 풀어 가자.

친권의 내용은 크게 '신분에 관한 것'과 '재산에 관한 것'으로 나뉜다. 먼저 신분에 관한 내용은 아이를 보호하고, 필요한 교육과 양육을 제공하라는 것이다. 권리보다 의무에 가깝고, 법전의 표현도 "권리의무가 있다"라고 한다(민법 제913조). 사실 권리라고 해봐야 아이가 따르지 않으면 부모가 징계할 수 있는 법적 권리가 있다는 정도이긴 하지만 말이다. 법원의 허가를 받아 소년원 같은 교정 기관에 맡길 수 있다고 정해놓긴 했지만, 글쎄 그럴 부모가 있을까?

친권자는 아이가 어디서 살지 지정할 수 있고, 누군가 마음대로 아이를 데리고 있으면 돌려달라고 요구할 법적인 권리가 있다. 그래서 친권자가 요구하는데 아이를 데리고 있으면 불법이다. 아버지, 어머니라 할지라도 마찬가지이다. 친권은 부모가 공동으로 행사하는 것으로, 협의 없이 일방적으로 행동하면 안 된다.

이혼소송 중이라 친권자가 정해지지 않았는데 아버지가 마음대로 어린아이를 데리고 갔다면 납치, 그러니까 형법상 '미성년자 약취유인죄'로 처벌받을 수 있다. 설령 친권을 가졌더라도 말이다. 헤어진 아내에게 아이를 맡겼고, 아내가 불의의 사고로 사망한 후에도 외가에서 키우도록 했다. 양육권을 준 것이다. 그러다 장인이었던 사람과 다툼을 벌인 끝에 학교에서 돌아오는 아이를 아버지가 강제로 데려가 버렸다. 법원은 역시 미성년자 약취유인죄로 아버지를 처벌했다(대법원 2008. 1. 31. 2007도8011). 보호 감독할 권리를 남용했다는 것으로, 그만큼 가족 관계에서는 자녀의 보호 쪽에 무게를 둔다.

엄마가 잘 맡아줄게

어느 집에서나 명절이면 벌어질 만한 장면이 있다. 할아버지, 할머니에게 세뱃돈을 받은 아이가 얼마인지도 모르고 지폐를 펄럭이며 좋다고 한다. 살포시 웃음 띤 엄마가 접근해 말한다. "잃어버리지 않게 엄마가 잘 갖고 있을게." 익숙하지 않은가? 엄마에게는 실제로 그렇게 할 수 있는 법적인 권리가 있다. 미성년자인 자녀 이름으로 받은 재산은 친권자가 대신 관리한다는 것이 법이다. 다만, 할아버지, 할머니처럼 아무 대가 없이 아이에게 재산을 준 사람이 반대한다면 그럴 수 없다. 그때는 법원을 통해 관리인을 따로 뽑아야 한다.

이것은 친권의 내용 중 하나인 재산관리권이다. 자녀의 이름으로 통장을 만든다거나 해서 잘 맡아주는 것이 당연하다. 아이가 큰 다음에는 맡았던 재산관리 내역을 계산해줘야 한다. 엄마에겐 남는 것이 없을까? 이자처럼 원래 재산에서 생긴 부수입은 아이를 키우고, 재산을 관리해준 대가로 볼 수 있다. 물론 명절 절값 정도로 이렇게까지 시시콜콜 정해놓을 필요는 없을 것이다. 하지만 부부 한쪽이 거액의 유산이라도 남기고 세상을 떠났다고 생각해보라. 아이 몫의 재산을 누가 어떻게 관리하느냐는 매우 큰 문제이다. 팝의 황제 마이클 잭슨이 사망한 후 그의 자녀들을 누가 돌볼 것인지에 대해 치열한 법정 싸움이 벌어졌다. 판사는 판결하면서 눈물을 흘렸다. 제발 돈이 아니라 아이들을 제대로 돌봐달라면서.

아이가 돈을 쓰려 할 때는 어떨까? 요즘에는 아이들 물건도 부모의 등골을 휘게 할 만큼 고가의 것들이 흘러넘친다. 아이돌 그룹의 '굿즈'도 작심하고 모으려면 목돈을 쏟아야 한다. 부모 입장에서는 교육적인 목적에서라도 사는 걸 막고 싶고, 아이는 아이대로 내 돈도 내 마음대로 못 쓰냐며 볼멘소리를 할 수 있다. 자기가 받은 용돈을 모았으니 응당 제 것이라면서 말이다.

재산 자체를 관리할 권리와 함께 재산을 쓸 때 대신하거나 동의해줄 권리가 친권자인 부모에게 있다. 만약 아이가 최신형 스마트폰이나 고가의 게임 기계를 부모 동의 없이 덜컥 사왔다면 어떻게 할까? 부모의 동의가 없었다는 이유 하나만으로 취소하고 환불받을 수 있다. 손해는 확인하지 않은 판매자 쪽이 져야 한다. 물론 부모가 이번 딱 한 번이라고 넘어가며 나중에 허락해주는 것은 가능하다.

아이돌 멤버처럼 자녀가 어린 나이에 경제활동을 할 때 부모에게는 각종 계약을 대신할 수 있는 권리가 있다. 다만, 미성년자라도 반드시 자녀의 동의를 얻어야 한다. 못된 부모도 있기 마련이니, 일찌감치 돈이나 벌라며 공장으로 내몰지 않으리란 보장이 없다. 그래서 근로기준법은 특칙으로 아예 근로계약은 대리해서 체결할 수 없다고 민법상 친권을 제한했다.

뭐 그런 법이 있냐고 아이가 목소리를 높이면 취지를 설명해주자. 뭔가를 사고파는 것처럼 단순해 보이는 행위도 뜯어보면 돈을 지급하고 물건을 넘겨받는 법적인 의무를 지키는 일이다. 책임질 수 없을 만큼 고가의 계약을 하면 어떤 일이 벌어질까? 상대방은 법원에 물건 값을 청구할 수 있고, 법원은 강제집행에 들어갈 수 있다. 은행 계좌에 있는 돈을 압류하거나, 성년이 된 다음에 이자와 필요한 비용까지 더해 빼앗아갈 수도 있다. 그렇기 때문에 본격적인 사회활동을 시작하지 않은 미성년자를 보호하기 위한 장치를 만든 것이다. 물론 등하굣길에 분식집에 들르거나 문구를 사는 것처럼 일정한 범위에서 미리 허락한 것으로 볼 수 있는 일들은 알아서 할 수 있도록 예외도 충실히 두고 있으니 너무 걱정할 것 없다는 말도 덧붙이자.

그래도 불만을 멈추지 않는다면 부모의 책임을 이야기해주는 것이 좋다. 미성년자를 보호하고 양육할 권리이자 의무를 제대로 이행하지 못하면 결국 부모가 법적인 부담을 진다고 말이다. 대표적으로 자신이 무슨 일을 하는지 잘 모르는 어린아이가 제3자에게 손해를 끼치면 부모가 물어줘야 한다. 중고등학생처럼 어느 정도 철이 든 아이가 사고를 쳐도, 친권자의 부주의 때문에 일어난 손해로 판단되면 역시 부모가 책임을 져야 한다(대법원 1994. 2. 8. 93다13605). 부모의 허가 없이 저지른 이런저런 사고는 네게 돌아갈 몫을 줄어들게 한다고 하면, 현실적인 요즘 아이들은 군말 없이 부모 말을 듣지 않을까?

부모의 아픔은 부모에서 끝나도록

2006년에 인구학자인 데이비드 콜먼(David Coleman) 옥스퍼드대학 교수가 저출산으로 인한 '인구 소멸 국가 1호'가 대한민국이 될 것이라고 발표했다. 여러 가지 원인과 대책에서 냉정하게 공통점을 찾아보자면, 자녀 출산으로 얻는 것보다 잃는 게 많다는 사람들의 판단 때문이리라. 흔히 '자식 농사'라는 표현을 쓴다. 농사를 지으면 수확이 따라야 하는데, 요즘 자식 농사가 어디 그런가? 농경 중심 사회에서는 노동력이 최고의 자산이었고, 자식은 노후 대책이었다. 지금은 아이 하나 '대학까지 키우는 데 얼마' 하는 식으로 부담이 강조되고, 잘 키워도 노후를 자식에게 기댈 수 없으니 출산 앞에 고민하는 부모가 많을 수밖에 없다.

더구나 부부가 헤어지는 마당이라면 너무도 소중한 아이는 걱정거리가 된다. 서로 키우겠다고 다퉈도, 상대방에게 미뤄도 문제다. 부부는 갈라서면 남남이지만 아이는 나눌 수 없다. 어른들 탓에 겪어야 할 아이의 고통을 최소화할 방법을 찾아야 한다. 미래 사회를 이룰 구성원에 대한 문제이니 국가도 함께 고민해야 한다.

협의이혼을 할 때 반드시 양육에 관한 협의서를 제출하도록 하고 있다. 재판으로 이혼할 때 역시 양육에 대해 미리 합의하도록 권고한다.

양육자는 누구로 할 것인지, 양육비용 부담은 어떻게 나눌 것인지, 직접 양육하지 않는 쪽이 아이를 만날 수 있도록 면접교섭권을 어떻게 행사할 것인지에 대한 내용이 꼭 들어가야 한다. 만약 부모가 재판 중에 이에 대해 정하지 않았다면 법원이 직접 나서서 정해줘야 한다. 그러지 않으면 재판의 누락이다(대법원 2015. 6. 23. 2013므2397). 할 일을 다 하지 않은 것이니 재판이 끝나지 않은 것으로 봐서 법원에서 마저 판결하라는 것이다.

앞서 살펴본 친권이 신분이나 재산 행위를 결정할 법적인 권리가 누구에게 있느냐에 무게를 두고 있다면, 현실적으로 날마다의 삶을 누구와 함께할 것인지는 양육권의 문제이다. 이혼하면서 친권과 양육권을 어느 한쪽이 모두 갖는 것이 일반적이지만, 달라지는 경우도 있다(대법원 2012. 4. 13. 2011므4719). 이를테면 대를 잇는다는 명분을 포기하지 않아 부는 친권자로, 모는 양육권자로 나뉘기도 한다.

현실적인 문제인 만큼 이 결정을 내리는 데 중요한 요소는 자녀의 성장에 필요한 복지에 있다. 자녀의 나이와 성별에 비춰 애정은 당연한 것이고, 경제적 능력이나 누가 더 자녀와 가까운지, 자녀는 누구와 함께 사는 것을 원하는지를 모두 꼼꼼히 따져 법원이 결정한다(대법원 2010. 5. 13. 2009므1458). 부모의 권리가 아니라 아이의 복지가 최우선이다. 가정법원마다 상담실을 마련해 전문 상담가가 아이의 의견이 충분히 반영될 수 있도록 돕는다. 법은 따뜻한 손길을 빌려 나타나기도 하는 것이다.

돈 앞에 '나 몰라라' 하는 냉정한 부모

낳은 정이 앞서는 것일까, 기른 정이 앞서는 것일까? 간혹 드라마 같은 데서 소재로도 쓰이는 이 질문에 대한 법률가로서의 답변은 '기른 정'이다. 현실이 근거이다. 통계에 따라 차이는 있지만 양육비 지급률은 고작 20퍼센트대에 그친다. 그러니까 절대 다수가 자기 자식 키우는 데 필요한 돈을 내지 않고 있다. 그 많은 사람이 '돈이 없어서'라고 보기 어렵다. 아무래도 낳은 정이 부족하다고 봐야 하지 않을까?

양육비를 정하는 기준은 이혼한 후에도 자녀의 생활환경이 바뀌지 않는 정도를 목표로 한다. 부모의 소득에 따라 달라질 수밖에 없지만, 이런저런 핑계를 막기 위해 법적으로 입증할 수 있는 소득이 없더라도 최소한의 비용은 부담하도록 하고 있다. 재판에 따라 들쭉날쭉하지 않도록 법원은 산정기준표를 만들어둔다. 이를테면 두 자녀를 둔 부모의 소득을 합해 200만 원 미만일 때면 한 달에 최소 53만 원가량이라는 식이다. 아이가 자랄수록 양육비도 조금씩 올라가서 15세부터는 70만 원 가까이 되도록 한다.

여기에 사는 곳, 자녀의 숫자, 교육비 등을 반영해 조금씩 올리거나 줄이는 것이다. 그걸 다시 아이를 직접 키우는 쪽과 그렇지 않은 쪽이 얼마씩 부담할지로 나눈다. 그러니까 아이를 맡지 않는 쪽이 모든 비용을 책임지는 것은 아니다. 부부는 헤어져도 부모로서의 책임은 무한이다. 자녀가 법적으로 성인이 되는 만 19세에 이를 때까지는 말이다.

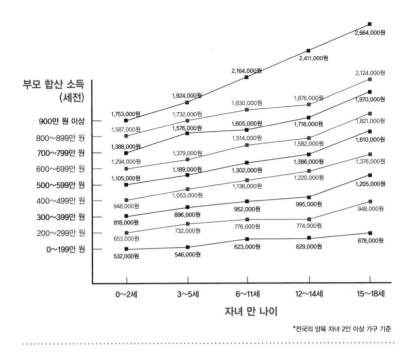

부모 합산 소득
(세전)

- 900만 원 이상
- 800~899만 원
- 700~799만 원
- 600~699만 원
- 500~599만 원
- 400~499만 원
- 300~399만 원
- 200~299만 원
- 0~199만 원

	0~2세	3~5세	6~11세	12~14세	15~18세
900만 원 이상	1,753,000원	1,924,000원	2,164,000원	2,411,000원	2,664,000원
	1,587,000원	1,732,000원	1,830,000원	1,876,000원	2,124,000원
800~899만 원	1,388,000원	1,576,000원	1,605,000원	1,718,000원	1,970,000원
700~799만 원	1,294,000원	1,379,000원	1,514,000원	1,582,000원	1,821,000원
600~699만 원	1,105,000원	1,189,000원	1,302,000원	1,386,000원	1,610,000원
500~599만 원	948,000원	1,053,000원	1,136,000원	1,220,000원	1,376,000원
400~499만 원	818,000원	896,000원	952,000원	995,000원	1,205,000원
300~399만 원	653,000원	732,000원	776,000원	774,000원	948,000원
200~299만 원	532,000원	546,000원	623,000원	629,000원	678,000원

자녀 만 나이

*전국의 양육 자녀 2인 이상 가구 기준

2017년 양육비 산정기준표 〈출처: 서울가정법원〉

양육비와 관련해 종종 문제가 되는 것 중에 이미 쓴 돈도 상대방에게 받을 수 있느냐 하는 것이다. 아이는 하루가 다르게 자란다. 이혼한 아버지에게 돈이 들어올 때까지 학원 수업을 미룰 수 없다. 아이가 큰 병을 앓아 갑작스레 목돈을 써야 할 수도 있다. 지금 당장은 돈이 없어 못 받지만 나중에라도 양육비를 받을 수 있을까? 부모가 자녀를 키워야 하는 의무는 태어나는 것과 동시에 생기는 것이니 그 이후의 모든 일에 책임을 져야 한다. 법원은 받을 수 있다고 한다(대법원 1994. 6. 2. 93스 11). 다만, 혹시라도 특별한 양육, 예를 들어 의논 없이 고액이 드는 사립학교에 보낸다거나 해서 생긴 비용이라면 달라고 할 수 없다.

그런데 혹시 이미 오래전 일이라 못 주겠노라고 이른바 소멸시효를 주장하면 어떻게 할까? 소멸시효는 권리가 있는데도 오랫동안 행사하지 않았을 때, 일정한 기간이 지나면 아예 그 권리를 없애는 일이다. 법은 현재의 안정된 상태를 지키는 것을 바람직하다고 한다. 예전 일을 한계 없이 들춰내면 사회가 불안해진다고 본다. 상당한 기간이 흘러 이제는 그럴 일 없으리라는 믿음을 가졌다면, 그것도 보호해줘야 한다고 한다. 마찬가지 원리에서 정반대인 취득시효라는 것도 있다. 다른 사람 재산일지라도 일정한 기간 주인처럼 쓰고 있으면 아예 주인 자격을 주는 것이다.

양육비에 대해서도 그런 주장이 가능할까? 헤어진 이후에도 원만한 관계를 유지하는 경우도 있지만, 아예 연락 뚝 끊고 사는 경우도 많아서 자칫 소멸시효에 이르기 쉽다. 그래서 법원은 양육비에는 그런 주장을 할 수 없다고 못 박았다. 그에 대해 절묘한 법적 논리를 만들었는데, 다음과 같다.

헤어진 상대방에게 양육비를 나눠달라고 할 수 있는 권리는 그냥 그런 것이 있다는 막연한 것이다. 달라고 요구하거나 법원의 판단에 의해 얼마라고 정해졌을 때 비로소 구체적인 권리로 바뀐다(대법원 2011. 7. 29. 2008스67). 그러니 도망치며 시간을 끌어서 떼먹을 생각은 아예 말라는 것이다. 사실 이런 판결이 있다는 자체가 양육비와 관련한 다툼이 얼마나 많은지 간접적으로 보여주는 것이리라. 협의에 의해서든 판결에 의해서든 주기로 한, 꼭 필요한 돈마저 이런저런 이유로 미루는 부모가 너무 많다. 원래대로 하자면 법원에서 강제로 돈을 받을 수 있다는 집행권을 받은 다음, 상대방의 재산을 파악해 압류하거나 해야 한다. 하지만 혼자 아이를 키우는 마당에 그런 일이 녹록할 리 없다.

보다 못한 국가가 나서 '양육비 이행 확보 및 지원에 관한 법률'을 만들었다. 이 법에 따라 여성가족부 산하에 양육비이행관리원(www.childsupport.or.kr)이라는 별도의 부처를 두었다. 양육비 청구를 돕고 이미 받은 판결에 따라 실제로 돈을 받는 일도 맡아준다. 긴급한 사정이 있는 경우에는 한시적이나마 양육비를 지원하기도 한다. 바람이라면 더 나아가 국가가 아예 필요한 양육비를 내주는 것은 어떨까? 국가는 상대방에게서 받아내면 되고 말이다. 자금을 융통하는 여유는 비교할 수 없을 정도로 클 것이고, 게다가 상대방 입장에서도 국가에게 청구를 당하면 아무래도 더 적극적으로 나설 수밖에 없을 것이다. 여러 출산장려 정책도 좋지만, 태어난 아이들이 건강하고 행복하게 자라는 일부터, 할 수 있는 일부터 시작해보면 좋겠다.

사실 양육비가 문제 되는 것도 아이들의 양육을 부모에게 전적으로 의존하기 때문이다. 국가와 사회의 책임으로 관점을 넓히면 어떨까? "한 아이를 키우려면 온 마을이 필요하다"라는 아프리카 속담이 있다. 과거 마을, 대가족 공동체에서 아이들이 자라던 때와 현대의 풍경은 너무 달라졌다. 젊다 못해 어린 부모들이 아무리 노력해도 한계가 있을 수밖에 없다. 힘에 부친 나머지 극단적으로는 '동반 자살'이라는 이름으로 자녀를 해치는 일까지 벌어지곤 한다. 모든 어른이 지혜와 노력을 모아 함께 키우고, 부모에게는 그만큼 사회에 이바지하도록 하는 길이 있을 것이다.

민법 제5조(미성년자의 능력)

① 미성년자가 법률행위를 함에는 법정대리인의 동의를 얻어야 한다. 그러나 권리만을 얻거나 의무만을 면하는 행위는 그러하지 아니하다.

② 전항의 규정에 위반한 행위는 취소할 수 있다.

제753조(미성년자의 책임능력)

미성년자가 타인에게 손해를 가한 경우에 그 행위의 책임을 변식할 지능이 없는 때에는 배상의 책임이 없다.

제755조(감독자의 책임)

① 다른 자에게 손해를 가한 사람이 제753조 또는 제754조에 따라 책임이 없는 경우에는 그를 감독할 법정의무가 있는 자가 그 손해를 배상할 책임이 있다. 다만, 감독의무를 게을리하지 아니한 경우에는 그러하지 아니하다.

제837조(이혼과 자의 양육책임)

① 당사자는 그 자의 양육에 관한 사항을 협의에 의하여 정한다.

② 제1항의 협의는 다음의 사항을 포함하여야 한다.

　1. 양육자의 결정

　2. 양육비용의 부담

　3. 면접교섭권의 행사 여부 및 그 방법

③ 제1항에 따른 협의가 자의 복리에 반하는 경우에는 가정법원은 보정을 명하거나 직권으로 그 자의 의사·연령과 부모의 재산 상황, 그 밖의 사정을 참작하여 양육에 필요한 사항을 정한다.

④ 양육에 관한 사항의 협의가 이루어지지 아니하거나 협의할 수 없는 때에는 가정법원은 직권으로 또는 당사자의 청구에 따라 이에 관하여 결정한다. 이 경우 가정법원

은 제3항의 사정을 참작하여야 한다.

⑤ 가정법원은 자의 복리를 위하여 필요하다고 인정하는 경우에는 부·모·자 및 검사의 청구 또는 직권으로 자의 양육에 관한 사항을 변경하거나 다른 적당한 처분을 할 수 있다.

⑥ 제3항부터 제5항까지의 규정은 양육에 관한 사항 외에는 부모의 권리의무에 변경을 가져오지 아니한다.

제909조(친권자)

① 부모는 미성년자인 자의 친권자가 된다. 양자의 경우에는 양부모가 친권자가 된다.

② 친권은 부모가 혼인 중인 때에는 부모가 공동으로 이를 행사한다. 그러나 부모의 의견이 일치하지 아니하는 경우에는 당사자의 청구에 의하여 가정법원이 이를 정한다.

③ 부모의 일방이 친권을 행사할 수 없을 때에는 다른 일방이 이를 행사한다.

④ 혼인 외의 자가 인지된 경우와 부모가 이혼하는 경우에는 부모의 협의로 친권자를 정하여야 하고, 협의할 수 없거나 협의가 이루어지지 아니하는 경우에는 가정법원은 직권으로 또는 당사자의 청구에 따라 친권자를 지정하여야 한다. 다만, 부모의 협의가 자의 복리에 반하는 경우에는 가정법원은 보정을 명하거나 직권으로 친권자를 정한다.

제913조(보호, 교양의 권리의무)

친권자는 자를 보호하고 교양할 권리의무가 있다.

제916조(자의 특유재산과 그 관리)

자가 자기의 명의로 취득한 재산은 그 특유재산으로 하고 법정대리인인 친권자가 이를 관리한다.

형법 제287조(미성년자의 약취, 유인)

미성년자를 약취 또는 유인한 사람은 10년 이하의 징역에 처한다.

아버지를 아버지라고
부르려면

9

부모 자식 관계에
대한 여러 가지 소송

'낳은 정'이라고 하지만, 어머니는 이미 열 달 가까이 자식과 한 몸으로 지냈다. 그에 비교한다면 아버지와 아이는 어느 날 마주친 낯선 존재들이나 마찬가지일 것이다. 법적으로도 아버지와 자녀 사이를 정리하기가 더 어렵다. 그래서 어떤 경우에 친자녀 관계를 인정할 것인지, 자녀라는 사실을 인정하지 않거나 혼인 외에서 태어난 경우 법적인 대우를 어떻게 할 것인지 일일이 정해두었다. 복잡한 여러 절차가 있기는 하지만, 오늘날에는 현대 과학이 발전시킨 유전자 기술 하나로 정리되는 추세이다.

발가락이 닮았다

소설가 김동인은 1930년대 발표한 단편소설 〈발가락이 닮았다〉에서 방탕했던 젊은 날 때문에 불임을 걱정하는 난봉꾼을 주인공으로 삼았다. 결혼을 앞둔 주인공은 생식기능에 문제가 없는지 검사해볼 용기조차 내지 못했는데, 결혼 후 뜻밖에 아들을 얻었다. 그의 몸을 잘 아는 의사는 불가능한 일이 벌어졌지만 그저 다행이려니 하고 만다. 그냥 넘어가는 게 아니라, 아들과 자신의 발가락을 비교해 보여주는 주인공에게 "발가락뿐 아니라 얼굴도 닮은 데가 있네"라며 선의의 거짓말까지 보탠다.

인간을 비롯한 동물 수컷들의 공통된 고민일지 모른다. 종족 보존의 본능이 발현한 것일까? 하지만 갓 태어난 생명체는 아무리 자세히 들여다봐도 글자 그대로 핏덩어리일 뿐이다. 눈조차 맞추지 못하는 새끼가 제 자식인지 아닌지 의심하는 것은 적어도 사람으로서는 모자란 일이다. 오죽하면 혼인 중에 아내가 품은 아이는 일단 그 남편의 자식으로 치자고 따로 법조문까지 두었겠는가(민법 제844조 제1항). 남자, 아버지만 대상으로 만든 아마도 유일한 법률 조항일 것이다. 남녀 차별이란 말은 꺼내지도 말자. 열 달 동안 배 속에 품어 낳은 아이를 두고 제 자식인지 긴가민가할 어머니는 없을 테니. 거기에 혼인하고 200일 이후에 태어났거나, 설령 혼인 관계가 끝났더라도 그로부터 300일 이내에 태어났다면 일단 혼인 중에 품은 것으로 친다(같은 조 제2항, 제3항). 혼인 중에 품은 것이니 제1항에 의해 일단 그 남편의 아이이다. 이렇게 한 이유는 만리장성을 쌓는 일에도 비교되는 남녀 관계의 시작과 끝을 법적으로 객관적으로 판단하기 어렵기 때문이다. 다만, 여기서 혼인은 가족관계등록부에 법적인 부부로 적힌 시점을 가리킨다. 명확한 기준선을 긋고 대신 융통성도 준 것이다.

그럼 여기서 질문 하나. 결혼식을 올리고 신혼여행까지 다녀왔지만 이런저런 일로 혼인신고를 미루는 경우가 종종 있다. 허니문 베이비가 태어날 무렵에야 뒤늦게 혼인신고를 했다면 그 아이는 어떻게 봐야 할까? 위 조항들의 적용을 받을 수 없기에 법은 남편의 아이라는 사실을 뒷받침하는 근거가 되지 못한다. 상식적으로 출생신고를 받는 공무원이 날짜를 따져 의문을 제기하지는 않는다. 아버지 쪽에서 의심을 품는다면, 아내로서는 황당하지만 뒤에 살펴볼 '친생자관계 존부 확인의 소'를 거쳐야 할 수도 있다.

물론 법 조항의 예외는 있다. 현실적으로 남편의 아이를 가질 수 없는 것이 명백하다면 그렇다. 다만, 어떨 때 불가능하다고 볼지에 대해서는 의견이 갈린다. 소설에서처럼 남편의 생식기능까지 봐야 한다는 의견이 있다. '핏줄'인지 아닌지 검사해봐야 한다는 것이다. 법원은 아무래도 가정의 평화를 더 강조하는 쪽으로 보인다. 임신했을 무렵 장기간 해외에 머물고 있었다거나 감옥에 있었다는 정도는 되어야 자식으로 볼 수 없다고 한다(대법원 1983. 7. 12. 82므59). 겉으로만 봐도 도저히 임신할 수 없는 상태를 요구하는 것이다. 의학적으로는 있을 수 없다고 하지만, 실제로는 '기적'이 종종 일어나기도 하니까. 생명의 탄생 그 자체가 한 편의 기적 아니던가.

아빠 찾아 삼만 리?

김현재 씨와 이지금 씨는 20××년 1월 1일 결혼과 동시에 혼인신고를 한 법률상 부부이다. 둘 사이에서 20××년 8월 1일 예쁜 아이가 태어났다. 혼인하고 200일 이후에 태어났으니 앞에서 살펴본 민법 제844조 제2항에 따라 김현재 씨의 아이로 칠 것이다.

그런데 변수가 있다. 사실 이지금 씨는 재혼이다. 김현재 씨와 결혼하기 불과 한 달 전에 정과거 씨와 이혼한 것이었다. 이지금 씨는 법률상 혼인 관계가 끝난 날에서부터 300일 이내에 아이를 낳았고, 법적으로는 정과거 씨의 아이일 수도 있다.

어머니는 한 명인데 아버지일 수 있는 남자는 여럿이라. 영화로도 만들어졌던 뮤지컬 〈맘마미아〉가 떠오르는 상황이다. 뮤지컬 또는 영화라는 대중문화 형식이 가능하다는 것은 현실에서 종종 벌어진다는 뜻이리라. 법은 '부를 정하는 소'라는 절차를 두고 법원에서 진짜 아버지를 찾아주도록 하고 있다.

아이의 아버지가 누구인지는 혈연을 가리는 일일뿐더러, 이를테면 거액의 재산 상속 자격을 가리는 일일 수도 있다. 자녀, 어머니, 어머니의 현재 혹은 과거의 배우자처럼 경우에 따라 소송을 시작할 수 있는 사람이 여럿이다.

자녀가 원고라면 일단 법적으로나 생물학적으로나 부모 중 한 사람임이 확실한 어머니를 상대방으로, 혹은 아버지일지 모르는 남성을 상대방으로 삼는다. 어머니라면 배우자 혹은 전 배우자가 상대방이다. 이처럼 누가 소송을 시작하느냐에 따라 상대방이 달라지는데, 만약 상대방이 이미 사망했다면 검사를 상대로 한다. 범죄를 수사하고 처벌하는, 다들 아는 그 검사 맞다. 드물지만 검사가 국가를 대신해 이런 공익적 소송을 수행하는 것이다.

그런데 이런 불편한 일이 생긴다는 것은 법률이 뭔가 잘못되어 있기 때문이 아닐까? 사실 헌법재판소는 혼인이 끝나고 300일 이내에 태어났다고 해서 전남편의 아이로 보는 것은 위헌이라고 결정했다(헌법재판소 2015. 4. 30. 2013헌마623). 그래서 현재와 같이 '추정한다'로 바꾼 것이다. 자식이라고 못 박는 것이 아니라 정도를 약하게 해서 다른 남자의 아이일 수도 있다는 가능성을 열어놓은 것이다.

요지는 혼인 관계가 이미 파탄에 이른 후에도 막상 법적으로 혼인 관계가 끝날 때까지는 시간이 걸리고, 그동안 새로운 사랑을 시작할 가능성이 충분하다는 것이다. 세상이 바뀌었는데 법이 옛날식 사고방식을 고집하고 있다고 보았다. 다만, 바로 법을 없애지는 않고 국회에 고쳐

달라고 요청했다.

여기서 잠깐. 대한민국은 삼권분립, 그러니까 입법·행정·사법을 나누어 견제와 균형을 이루도록 하고 있는데, 왜 입법부인 국회가 아니라 헌법재판소가 법을 고치라고 하는지 의아하지 않은가? 국회가 만든 법률을 적용해 재판하는 현장은 법원이다. 그래서 사법부, 그중에서도 헌법재판소라는 특별기관을 설치해 법률에 문제는 없는지 점검하는 권한을 준 것이다. 아이 아버지에 관한 조항처럼 시대가 변하다 보니 더는 맞지 않는 옷처럼 된 법도 있고, 국회의원들도 사람이니 만드는 과정에서 실수할 수도 있다. 사족을 붙이자면 국회의원들이 워낙 바쁜 양반들 아니던가. 필요할 때 법을 재깍재깍 바꿔준다는 보장이 없다.

헌법재판소라는 명칭에서 알 수 있듯이 법률의 잘잘못을 따지는 기준은 헌법이다. 헌법에서 '대한민국'이라는 국가를 운영하는 목표와 원칙을 정해놓았기 때문이다. 특히 가족에 관해 정해놓은 헌법 제36조를 구체적으로 실현하기 위해 국회는 민법의 일부인 가족법을 비롯한 여러 법률을 만들었다. 행정부는 여성가족부를 두었으며, 헌법재판소는 법률에 대해서는 위헌법률심판으로, 행정에 대해서는 헌법소원으로 헌법의 원칙에 따르고 있는지 감독한다. 대한민국의 여러 기관은 대략 이런 구조로 일을 처리해나간다.

잘잘못을 따지는 구체적인 방법을 간략하게 살펴보면, 가장 흔하게 이른바 '비례의 원칙'을 따른다. 우선 어떤 법률이나 행정의 목적은 무엇인지 그 정당성을 살펴본다. 다음으로 그 목적을 이루는 데 해당 법이나 제도가 적당한지 '수단의 적합성'을 따진다. 거기까지 괜찮더라도 혹시 다른 방법은 없는지, 선의의 피해라도 줄일 방법은 없는지 '피해의 최소성'을 본다. 마지막으로 그렇게 해서 얻을 수 있는 이익과 잃는 것을 비교해 '법익의 균형성'까지 측정해본다. 이 네 단계를 통과하지 못하면 헌법에 어긋난다고 하는 것이다.

호부 호형을 허하노라

아이언맨, 헐크, 배트맨, 스파이더맨……. 요즘 세상의 시선은 첨단 컴퓨터 그래픽으로 겉멋을 잔뜩 부린 캐릭터들에 쏠려 있다. 하지만 우리에겐 일찌감치 그만큼의 능력을 선보였던 홍길동이 있었다. 독학으로 깨우친 축지법으로 닥터 스트레인지처럼 공간을 이동했고, 엑스맨 미스틱처럼 겉모습을 자유자재로 바꾸는 변신술도 구사했다. 부단히 공부해서 초능력자가 된 것이다. 그런데 길동의 학구열에는 출생의 아픔이 있었다. 그의 아버지는 오늘날 국회의장에 해당하는 좌의정이었는데, 비서 격인 몸종과의 사이에 불륜으로 태어난 이가 길동이었다. 그는 불안정한 신분 때문에 집을 떠나야 했다. 이후 어마어마한 능력으로 탐관오리를 무찌르고 율도국이라는 독립국까지 세웠지만, 정작 길동이 바랐던 것은 따로 있었다. 호부 호형, 아버지를 아버지라 부르고 형을 형이라 부르는 것이었다. 그는 소설의 말미에야 꿈을 이룬다.

길동은 지금의 법률 용어로 혼인외출생자, 줄여서 혼외자다. 물론 조선 시대와 달리 법률혼 관계의 부부에게서 태어난 자녀와 법적인 차별은 없다. 다만, 국가로서는 누구의 자식인지 알 방법이 없기 때문에 필요한 절차가 있다. 아버지가 자신의 자식이 맞다고 인정하는 신고를 해야 한다. 이걸 '인지'라고 한다. 법적으로는 어머니도 인지할 수 있지만, 낳으면서 이미 자식이라는 사실이 분명하다 보니 현실에서 거의 쓰이지 않는다.

인지로 어마어마한 신분 변동이 있을 수 있지만, 과정 자체는 지극히 간단하다. 아버지가 구청에 가서 인지신고서 한 장만 써내면 끝이다. 현재의 배우자 혹은 다른 자녀들의 동의도 필요 없다. 만약 아버지가 주변 눈치만 보고 있다면 어떻게 해야 할까? 길동처럼 도술까지 익힐 필요 없이 아버지를 피고로 인지해달라는 소송을 청구하면 된다. 자식뿐만 아니라 손자녀 역시 할아버지 되는 사람에게 인지를 요구할 수 있다. 인지하면 태어날 때부터 아버지의 자녀였던 것으로 간주한다. 시계를 거꾸로 감는 소급효를 주는 것이다. 그래서 만약 어머니 혼자 키웠다면 그때까지 아버지가 부담했어야 할 몫의 부양료를 달라고 할 수 있다(대법원 1994. 5. 13. 92스21). 자녀에 대한 부양의무는 부부가 능력에 따라 균등하게 지는 것이니까.

가장 크게 달라지는 것은 재산을 상속받을 수 있는 권리가 생긴다는 점이다. 혼외자여도 아버지의 법률상 배우자, 그 자녀들과 똑같이 대우받는다. 혹시 이미 돌아가셔서 그들끼리 재산을 나눠 가졌더라도 상관없다. 그들을 상대로 소송하면 자기 몫을 되찾아올 수 있다. 다만, 너무 오랜 시간이 흐른 뒤에 나타나서는 곤란하다. 아버지가 살아 있을 때라면 언제든 상관없지만, 사망한 경우에는 그 사실을 알았을 때부터 '2년 이내'에만 검사를 상대로 인지해달라는 소송을 할 수 있다.

짐작하겠지만 그러다 보니 많은 경우 인지는 상속을 둘러싼 분쟁 중에 일어난다. 어머니가 서로 다른 형제자매 사이에 조금이라도 더 재산을 차지하기 위한 싸움으로 말이다. 그런 일을 막는답시고 아버지 생전에 얼마간의 재산을 쥐여주고 '인지'를 요구하지 말라고 하면 어떨까? 법원은 인정해주지 않는다. 그 사람만이 행사할 수 있는 신분에 관한 권리라고 봐서 미리 자발적으로 포기하는 일을 허용하지 않는다(대법원 1982. 3. 9. 81므10). 그래야 속된 말로 "먹고 떨어져라"라면서 돈으로 호부 호형을 막는 일이 없을 테니까.

자녀 입장에서 가장 행복한 상황은 비록 혼외자로 태어났더라도 나중에 아버지 어머니가 부부로 결합하는 것이리라. 그러면 그때부터 자녀는 혼인 중에 태어난 것으로 본다. 이걸 '준정準正'이라고 한다. 주의할 것은 최소한 혼외자로 인지받고 있어야 한다. 생부가 인지로 제 자식이라는 사실을 인정하고 있는 상황에서 생모와 법률혼을 맺어야 한다는 것이다.

유전자의 힘은 어디까지인가

앞서 본 민법 제844조에 의해 혼인 중에 생긴 아이는 일단 남편의 자녀로 친다고 했다. 그렇게 보는 이유는 웬만해서는 가족 관계가 깨지는 일을 막겠다는 것이 법의 입장이기 때문이다. 하지만 아이가 자신과 발가락조차 닮지 않았다면 어떻게 해야 할까? 8장 〈하늘도 끊을 수 없는 사슬〉에서 호적에서 파낼 방법이 없다고 했으니 그대로 살아야 할까? 물론 아니다. 그건 '친자식'일 때를 가정한 이야기였다. 친자식이 아니라면 부자 관계를 끊을 수 있다.

다만 '친생 부인의 소'라는 엄격한 절차를 거쳐야 한다. 법률상 아버지로 되어 있는 사람 혹은 아이의 친어머니가 원고로, 배우자나 자녀를 상대로 천륜이 아니라고 밝히는 절차이다. 주장이 맞다면 태어났을 때로 소급해 친자 관계는 끊어진다. 민법 제844조 적용을 받지 않는 관계에서 친자식인지 여부를 따지기 위해서는 '친생자관계 존부 확인의 소'를 거친다. 이를테면 남편의 혼외자를 이런저런 이유로 법률상 부부 사이에서 태어난 것처럼 출생신고를 했다가, 나중에 아내가 자기 자식이 아니었다는 사실을 밝히기 위해서이다.

부모 자식 관계에 관한 소송을 정리하자면, 앞서 밝혔던 부를 정하는 소, 친자식으로 여겨지는 관계를 끊기 위한 친생 부인의 소, 그 외의 경우 사실 확인을 위한 친생자관계 존부 확인의 소, 혼외자를 법적으로 인정받기 위한 인지의 소가 있다. 인지와 관련해서는 자녀 쪽에서 제기하는 강제인지의 소, 인지 과정에 문제가 있을 때 인지 이의의 소, 인지 무효 혹은 취소의 소도 있다.

그런데 이쯤에서 고개를 갸웃하는 독자가 있을 수 있다. 어차피 유전자를 검사하면 될 텐데 뭘 그렇게 복잡하게 나눠놨을까 하고 말이다. 민법을 만들었을 때가 1958년이었기 때문에 그렇다. 각각의 목적에 맞는 절차들을 마련한 것이었는데, 이제 그다지 의미가 없어졌다. 십여만 원만 들이면 법원 주변에서 쉽게 찾을 수 있는 유전자 검사 업체에서 출생의 비밀을 알 수 있다. 그걸로 끝이다.

이처럼 과학의 발달이 기존 법과 제도를 낡은 것으로 만들어버리는 대표적인 사례가 유전자 검사 기술이다. 특히 범죄 현장에서의 기여는 눈부시다. 땀 한 방울에서 범인의 유전자를 채집할 수 있다. 그걸 분석해 단순히 누구의 것인지 밝히는 정도가 아니다. 유전자 주인의 체격과 생김새까지 알아낸다. CCTV에 찍힌 영상들과 대조하면 콕 찍어 범인을 찾아낼 수 있다. 그런데 그렇게 많은 정보가 유전자에 담겨 있다면 인간의 운명은 이미 결정되어 있는 게 아닐까? 신체적인 특징뿐만 아니라 의사능력까지도 정해져 있는 것 아닌가 말이다. 오랜 인문학적 주제일 뿐만 아니라, 그렇다면 법은 어떤 모습이어야 하는지와도 연관이 있다. 오래전부터 있어왔던 사변적인 논쟁을 과학이 재점화하는 셈이다. 어느 쪽일지 함께 생각해보자.

먼저 '결정론'에 따르면 인간에게 자유의사란 있기 어렵다. 소질과 환경에 따라 어느 정도 정해진 길을 따를 수밖에 없다. 법을 어기더라도 개인의 책임만으로 돌릴 수 없다. 방치한 사회의 책임을 물어야 한다. 동시에 위험한 기질을 가진 인물에게서 사회를 지키기 위한 조치가 필요하다. 범죄를 저지르기 전이라도 미리 격리해야 한다는 주장이 나올 수 있다. '인종 청소'를 했던 히틀러가 가장 극단적인 사례이다. 반대로 '비결정론'은 자유로운 의사를 가진 합리적인 인간을 전제로 한다. 법을 만들어놓으면 각자 알아서 잘 지켜야 한다. 어긴다면 다른 누구도 아닌 온전히 나의 책임이다. 형벌은 잘못에 상응하는 만큼 받으면 된다. 어느 쪽이 옳을까? 현대의 법과 제도는 양쪽 입장을 절충하고 있다. 범죄에 상응하는 대가와 함께 교화할 수 있을 만큼의 시간을 고려해 형벌을 내린다. 성 범죄자에게 형벌과 함께 예방적인 조치로 일정 기간 전자 발찌를 착용하도록 하는 것도 그런 이유에서이다.

그런 것들이 그동안 추상적으로, 이런저런 입장과 경험에 따라 정해졌다면, 점점 과학의 판단이 끼어들 시기에 이르렀다. 어떻게 얼마만큼 받아들일지 사회적 논의가 필요한 시점이다. 아무튼 부모의 책임이 더욱 강하게 요구되지 않을까? 유전적 힘이 세고 후천적 환경 또한 중요하니 부모의 역할은 더욱 커질 게 아닌가. '물보다 진한 것이 피'라는 말이 참으로 무겁고 무섭다.

민법 제844조(남편의 친생자의 추정)

① 아내가 혼인 중에 임신한 자녀는 남편의 자녀로 추정한다.

② 혼인이 성립한 날부터 200일 후에 출생한 자녀는 혼인 중에 임신한 것으로 추정한다.

③ 혼인 관계가 종료된 날부터 300일 이내에 출생한 자녀는 혼인 중에 임신한 것으로 추정한다.

제846조(자의 친생 부인)

부부의 일방은 제844조의 경우에 그 자가 친생자임을 부인하는 소를 제기할 수 있다.

제855조(인지)

① 혼인 외의 출생자는 그 생부나 생모가 이를 인지할 수 있다. 부모의 혼인이 무효인 때에는 출생자는 혼인 외의 출생자로 본다.

② 혼인 외의 출생자는 그 부모가 혼인한 때에는 그때로부터 혼인 중의 출생자로 본다.

제860조(인지의 소급효)

인지는 그 자의 출생 시에 소급하여 효력이 생긴다. 그러나 제삼자의 취득한 권리를 해하지 못한다.

제863조(인지청구의 소)

자와 그 직계비속 또는 그 법정대리인은 부 또는 모를 상대로 하여 인지청구의 소를 제기할 수 있다.

사돈의 팔촌은
무슨 사이일까?

10

친족 관계와
부양의 문제

평범한 결혼식 장면을 한번 떠올려보자. 부부의 연을 맺는 두 사람과 둘러싼 많은 축하객. 신랑신부를 각각 대표로 내세웠지만 사실은 양쪽으로 나뉘어 앉은 가족들도 새로운 공동체를 만드는 자리이다. 생면부지 낯선 사람들이었지만 일정한 범위에 들어가면서 서로 친족이 된다. 가족에 관한 법률이 점점 '나'를 중요하게 여기는 쪽으로 바뀌고 있지만 여전히 관계에 따른 책임은 져야 한다. 남과 여 두 사람의 결합에서 위로, 아래로, 옆으로, 가족, 친족으로 번져가며 어떤 법적 권리와 의무가 생기는 것일까?

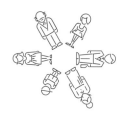

이제는 달라진 가족의 범위

"이제부터 넌 죽어서도 이 집안 귀신인 거야!"

결혼 생활에 관한 상담을 하던 한 여성이 몸서리를 치며 털어놓았다. 시어머니가 폐백 자리에서 웃으며 하신 말씀이었다. 덕담처럼 건넨 말이었지만, 그 순간 결혼을 후회하기 시작했다고 한다. 나는 사랑하는 남자와 함께하고 싶어 결혼했는데 왜 그런 이야기를 들어야 하는지, 낳고 키워준 아버지 어머니는 어쩌라는 것인지 오만 가지 생각에 머릿속이 하얘졌다고 한다. 놀랍게도 어르신들의 이런 사고방식을 멀지 않은 과거의 법이 뒷받침하고 있었다. 요즘도 호적이란 말, 본적이란 표현이 사라지지 않고 있다. 2005년 민법을 개정하면서 폐지된 호주제에서 나온 말들이지만 워낙 오랫동안 써왔던 탓이다.

호주제는 한 가정을 그 집안의 가장 나이 많은 남자 어른을 기준으로 묶는 제도였다. 여성은 결혼하면 태어난 집안의 호적에서 배우자인 남성 집안의 호적으로 옮겨졌다. 쉽게 말해 아버지 밑에서 시아버지 밑으로 옮겨지는 것이었다. 남편이 장남이라면 계속 그 상태로 머물다 시아버지가 돌아가시면 남편 밑으로 묶였다. 혹시 남편이 일찍 사망하면? 아들이 호주가 되었다. 이런 식이다 보니 이혼이라도 하거나 결혼하지 않은 상태에서 아이를 낳기라도 하면 어느 집안 호적으로 들어가야 할지 우왕좌왕할 수밖에 없었다. 21세기 초까지도 남녀차별은 공식 제도였던 셈이다.

다행히 현재의 법은 달라졌다. 일단 민법에 따르면 누구까지를 가족으로 보는지 한번 보자. 1차로 배우자, 직계혈족 및 형제자매이다. 2차로 직계혈족의 배우자, 배우자의 직계혈족 및 배우자의 형제자매이다. 직계혈족이란 자신의 아버지, 어머니 그리고 자녀들을 가리킨다. 방계혈족은 형제자매와 그들의 자녀들 그리고 부모님의 형제자매 등을 가리킨다. 헷갈리는데 꼭 그런 용어를 써야 하나 싶겠지만 이유가 있다. 저 표현들은 양성 중립이다. 시아버지, 시어머니, 장인, 장모라는 표현에는 이미 남편, 아내에 따라 달라지는 양쪽 집안의 위치가 들어 있다. 그에 반해 배우자의 직계혈족이라는 표현에는 그런 구별이 없다. 여기에 더해 가족의 범위를 1차, 2차로 나눠놓은 이유가 있다. 2차의 경우 생계를 함께할 때만 가족이다. 그러니까 시어머니라도 가족이 아닐 수 있고, 결혼한 후에도 친정어머니는 가족일 수 있다.

호적 대신 도입한 가족관계등록부에는 기본적으로 본인을 기준으로 부모, 배우자, 자녀에 대한 정보가 들어 있다. 배우자의 부모, 예를 들어 한때 호주였던 시아버지는 없다. 호적을 만들었던 곳인 본적 대신 개인별로 가족 관계에 대한 각종 사항을 기록할 관청을 정하기 위한 등록기준지만 존재한다. 단순히 말만 바뀐 것이 아니라 사회의 최소 단위인 가족을 어떻게 볼 것인지 개념이 완전히 달라진 것이다.

친족의 범위와 서열

가족은 남녀를 중심으로 한 최소한의 단위이다. 그런데 자녀가 생기고 그들이 다시 가족을 이루면서 인연의 그물은 급속도로 커진다. 수십 명의 손자녀를 둔 할아버지 할머니를 쉽게 찾아볼 수 있다. 한 단계 넓은 범위로 친족을 이루는 것이다. 혈연관계로 맺어진 혈족을 넘어 혼인으로 인한 배우자, 그 배우자의 혈족까지 친족에 들어간다. 세상에서 흔히 친인척이라고 부르는 관계이다.

혈족은 딱히 설명이 필요하지 않다. 같은 조상 아래 같은 성을 쓰는 사람들이다. 인척은 사돈이라고 부르는, 배우자의 혈족이다. 인척을 친족의 범위에 포함한다는 사실은 법적으로도 혼인은 남녀만의 결합이 아니라 가족과 가족의 결합이라는 뜻이다. 피 한 방울 섞이지 않은 사이인데 혼인으로 친족 관계에 놓이는 것이다. 아무래도 누구까지를 친족으로 보아야 할지 한계를 정할 필요가 있다.

인척은 어디까지나 혼인의 주인공인 남녀를 중심으로 따진다. 남편이나 아내의 혈족과 자기와의 관계를 보는 것이다. 편의상 아내 입장에서 살펴보기로 하자. 자신의 혈족과 혼인한 배우자(올케, 자형, 매부, 고모부, 숙모), 남편의 혈족(시부모, 시누이, 시동생), 남편의 혈족과 혼인한 배우자(동서)까지 포함한다.

혼란스러울 수 있으니 인척이 아닌 경우를 따로 기억하자. 혈족과 혼인한 배우자의 혈족은 인척이 아니다. 그러니까 아내의 형제자매 입장에서 봤을 때 남편의 형제자매를 가리킨다. 이들끼리는 법적으로 아무런 사이가 아니다. 이렇게 본 이유가 있다. 겹사돈이라는 말을 들어봤을 것이다. A집 형제와 B집 자매가 두 쌍으로 혼인했을 때를 가리킨다. 되느냐 마느냐 말들이 많았지만, 1990년 민법을 바꿔 법적으로 아무런 하자가 없게 한 것이다.

인척은 혼인을 고리로 이어진 관계이다. 혼인 취소나 이혼으로 그 고리가 끊어지면 남남으로 돌아가는 것이 당연하다. 부부 중 한 사람이 사망하면 어떻게 될까? 곧바로 남이 되는 것은 아무래도 서운하다. 남은 한 사람이 재혼하면 앞선 혼인의 인척 관계가 비로소 없어진다. 그런데 이렇게 얽힌 사람들이 늘어나면 생기는 문제가 있다. 위, 아래를 중요하게 여기는 것이 우리네 문화 아니던가. 아버지 혹은 할아버지의 형제자매들이 많은 집에서는 어떤 사이인지 헷갈릴 수 있다. 명절에 친지들이 많이 모이는 집이라면 도대체 나와 어떤 관계인지 종잡기 어려울 수 있다. 위, 아래 혹은 얼마나 가깝고 먼지를 헤아리는 셈법으로 촌수를 쓴다.

기본적으로 피로 맺어진 사이들이니 같은 세대가 촌수의 기준이다. 위, 아래를 따지기 위한 것이니까 옆으로 직접 가지 않고 위, 아래로 몇 칸인지 세는 것이다. 아버지의 형제를 예로 들어보자. 나부터 아버지로 올라가며 1촌, 아버지에게서 할아버지까지 2촌, 할아버지에게서 다시 내려오는 3촌이다. 아버지의 형제니까 위로 1칸, 옆으로 1칸 하는 식으

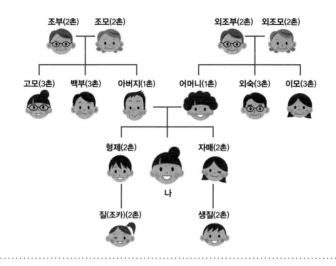

조부(2촌) 조모(2촌)　　　　외조부(2촌) 외조모(2촌)

고모(3촌) 백부(3촌) 아버지(1촌) 어머니(1촌) 외숙(3촌) 이모(3촌)

형제(2촌)　　　　자매(2촌)

나

질(조카)(2촌)　　　　생질(2촌)

가계도로 보는 촌수와 호칭

로 세지 않는다. 촌수를 아예 호칭으로 삼아 삼촌이라고 부르는 것이다. 그 삼촌의 자녀는 1촌 더 내려오니까 사촌이라 부르는 것이고.

그렇다면 이 촌수는 몇 촌까지 따질 수 있을까? 딱히 제한은 없다. 신화라고는 하지만 우리는 모두 단군의 후예 아니던가. 크게 보면 대한민국 전체가 친족이다. 역시 어느 정도 범위를 정할 필요가 있겠다. 민법은 혈족은 8촌, 인척은 4촌까지를 법의 효력이 미치는 친족으로 하고있다. 인척의 촌수는 배우자의 촌수를 따른다. 배우자에게 삼촌이면 본인에게도 그대로 삼촌이다. 양쪽을 구별하기 위해 아버지 형제는 그냥삼촌, 어머니 형제는 외삼촌으로 부르는데, 앞으로는 이런 구별도 없어지면 좋겠다. 아무튼 딱히 가깝지 않은 관계일 때 '사돈의 팔촌'이라고하는데, 나름 법적으로도 근거가 있는 셈이다. 사돈의 팔촌끼리는 서로 아무 사이도 아니다.

친족이라는 이름의 무게

우리는 오래도록 농사를 짓는 민족이었다. 아버지에게서 아들로, 그 아들의 아들로 같은 땅을 일구며 세대를 이어갔다. 그러다 보니 주변에 함께 사는 사람들이 단순한 이웃을 넘어서는 경우가 많았다. 혈연으로 혼인으로 묶인 친족이기도 했다. 마을 주민 대부분이 같은 성씨를 쓰는 집성촌에 대해 들어봤을 것이다. 친족인 동시에 하나의 생활·경제 공동체였던 것이다.

그런 문화적 특성은 법과 제도에도 남아 있다. 앞서 혈족의 8촌, 인척의 4촌까지 법의 효력이 미친다고 했는데, 그 대표적인 사례가 부양의무이다. 민법 제974조는 직계혈족과 배우자 사이 그리고 그 밖의 친족끼리는 생계를 같이하는 경우에 부양의무가 있다고 한다. 공동체의 구성원끼리 서로의 생활을 돕는 의무이자 권리이기도 하다. 법원을 통해 그 구성원더러 먹여 살려 달라고 요청할 수 있는 것이다. 일종의 재산인 셈이지만 친족이라는 신분에서 나온 것이라서 제3자에게 팔거나 할 수는 없다.

부양의무는 다시 두 가지로 나뉜다. 우선 미성년자인 자녀에 대한 부모의 의무, 혼인한 배우자들끼리의 의무가 있다. 이것은 무조건적이며 한계가 따로 없다. 최소한의 생활 유지는 기본이고, 내가 누리는 만큼

부양의무 있다 vs 없다

사례 1 여기 못난 아버지가 있다. 혼인 생활을 시작하고 아이를 낳은 지 얼마 안 돼 다른 여인에게 마음을 주었다. 아내와 핏덩이 자식을 버려둔 채 집을 나갔다. 그 이후로 수십 년 동안 연락조차 하지 않았다. 홀로 남은 아내는 가게로 식당으로 온갖 궂은일을 마다하지 않았다. 재혼도 하지 않고 자식만 바라보고 살았다. 아버지 얼굴조차 모르고 자란 자식은 국내 굴지의 기업에 취업했다. 고생했던 어머니에게 효도하리라 결심했는데 뜻밖의 충격적인 사실과 마주쳤다.

입사 서류를 준비하다가 가족관계등록부에서 살아 있는 아버지의 이름을 본 것이다. 유복자인 줄로만 알고 자랐는데 충격은 거기서 그치지 않았다. 아버지에게서 연락이 온 것이다. 축하한다며 늦게 연락해 미안하다며 그런데 먹고살기가 너무 힘드니 좀 도와달라고.

→ 딱 '아침 드라마'에 나올 법한 이야기이다. 아버지는 직계혈족이다. 앞서 본 민법 제974조에 따라 함께 살지 않아도 부양을 청구할 권리가 있다. 하지만 억울하지 않은가? 아버지 역할은 단 한 번도 하지 않은 사람인데. 설령 아버지에게 부양을 청구할 권리가 있더라도 속된 말로 '퉁쳐야' 할 상황 아닐까?

유감스럽지만 그렇지 않다. 과거에 어린 자녀에 대한 법적인 의무를 이행했는지, 도의적으로 아버지라 일컬을 수 있는지 따지지 않는 것이 부양의무이기 때문이다. 한 가지 위안이라면 이런 경우 법원은 2차적 부양의무 정도로 친다. 지급할 액수도 한 달에 10만 원 남짓으로 판결하는 것이 보통이다. 물론 그마저 아까운 마음이 들 수 있겠지만 친족의 무게란 그런 것이다.

사례 2 공무원 남편과 전업주부 아내가 있다. '100세 시대'라는데 야속하게도 50대 중반 남편이 먼저 세상을 떠나고 말았다. 다행히 생활에 큰 어려움은 없었다. 부업을 시작했고 남편이 남긴 공무원 유족연금이 있기 때문이었다. 그런데 남편의 부모님이 어느 날 생활비를 요구하기 시작했다. 자신들이 사망한 아들을 공무원으로 키웠던 덕분에 잘살 수 있는 것 아니냐는 것이었다. 배경에는 그걸 부추긴 남편의 형제도 있었다. 솔직히 야속했다. 아직은 대학에 다니는 자녀들 뒷바라지도 남아 있었다. 서운한 마음에 재혼이라도 해서 저 관계를 끊고 싶지만, 그랬다가는 유족연금을 받을 자격이 없어진다.

→ 법원은 고민하지 말라고 했다. 부부의 한쪽이 사망하더라도 당장 혼인으로 맺어진 관계가 끊기는 것은 아니다. 하지만 사망한 배우자의 부모는 어디까지나 인척에 그친다. 남편의 직계혈족이지 아내와는 그렇지 않다. 그러니까 법적으로 '시부모'는 부모가 아니다. 따라서 생계를 같이하는 경우에만 부양의무가 있다고 판결했다(대법원 2013. 8. 30. 2013스96). 역설적이지만 모시고 살지 않는 한 따로 부양할 법적인 의무가 며느리에게는 없다.

사례 3 부양의무를 다루는 김에 드라마로 화제를 모으기도 했던 이른바 '불효청구 소송'도 짚어보자. 고령의 부모님이 "잘 모시겠다"라는 자식의 말만 믿고 전 재산을 넘겨줬다가 막상 버림받다시피 하는 일이 벌어지는 것이다. 안타깝지만 현실에서도 종종 일어나는 일이다. 사업에 필요하다기에 하나뿐인 집을 담보로 내줬는데, 부모가 집에서 쫓겨날 지경에 이르러도 나 몰라라 하는 막된 자식들.

→ 법적으로 부양의무와 관계가 없다. 다 큰 자식들을 부모가 돌볼 이유는 없지 않은가. 그래서 돈이나 부동산 따위를 부모가 준다고 하면 법적으로 증여계약에 해당할 가능성이 높다. 증여계약에 따라 일단 주고 나면 되돌려달라고 요구할 수 없는 것이 원칙이다. 법적인 부양의무를 청구할 권리야 여전히 있지만, 넘어가 버린 수억 수십억 원대의 재산과 비교할 수는 없다.

이런 일을 막으려면 어떻게 해야 할까? 꼭 조건을 달아야 한다. 부모님이 돌아가실 때까지 혹은 받은 날부터 몇 년 동안 매달 얼마씩 주겠노라는 식으로 딱 부러지게 말이다. 가능하면 계약서 형태로 만들어 공증사무소에서 공증도 받아놓자. 그렇게 해야 약속을 지키라고 하거나 아니면 약속을 어겼으니 재산을 돌려달라고 할 수 있다. 부모 자식 사이에 야속하다고 생각하면 안 된다. 나중에 법정에서 피눈물을 흘리는 것보다야 백배 천배 낫다.

자녀도 배우자도 누려야 한다는 것이 원칙이다. 소고기를 먹든 풀을 뜯어 먹든 함께해야 한다. 그 밖의 친족에 대해서는 2차적 부양의무를 진다. 여기서 2차라는 뜻은 일단 나부터 살아야 한다는 뜻이다. 경제적으로 어느 정도 여유가 있어서 다른 사람을 부양할 능력이 있을 때 도우면 된다. 그것도 부양을 받을 사람이 스스로 일을 해서 생활할 수 없을 때 한해서 말이다. 함께한다기보다 여력이 있어 돕는 것이다. 도와줘야 할 필요가 있을 때 '할 수 있다면' 하라는 것이다.

친족들 사이의 일이니 법은 끼어들지 않겠다

짓궂은 하늘의 장난을 한번 상상해본다. 구성실 씨는 자수성가한 사업가이다. 고생 끝에 부를 이뤘지만 일에 매달려 가정을 이루지는 못했다. 어느 날 그의 집에 도둑이 들어 귀금속과 고액권 뭉치를 훔쳤다. 하지만 철저한 보안장치 덕에 도둑은 금방 잡혔다. 피해 물품을 되찾기 위해 경찰서에 간 길에 범인을 만났다. 희한하게 낯설지 않은 느낌이 드는 앳된 청년. 그리고 또 한 사람 뜻밖의 얼굴과 마주쳤다. 젊은 날 한때 뜨겁게 사랑했던 여인이다. 헤어질 무렵 아이를 가졌다는 사실을 둘 다 몰랐다. 여인은 남자를 찾지 않고 홀로 아이를 낳아 키웠다. 존재조차 몰랐던 아들을 경찰서에서 만난 것이다. 힘들게 일하는 어머니를 돕는답시고, 학비를 마련하기 위해 어리석은 짓을 저지른 것이었다. 게다가 피해 액수가 많아 중한 벌을 피하기 어려워 보인다. 어찌하면 좋을까? 불행 중 다행히도 구성실 씨에게 방법은 있다.

형법은 일정한 범위의 친족 사이에 벌어진 재산 범죄에 대해서는 끼어들지 않겠노라고 선언하고 있다. '친족상도례'라는 특별한 규정이다. 직계혈족, 배우자, 동거 친족, 동거 가족이나 그 배우자 사이에 절도, 사기, 횡령, 배임을 저질러도 형벌을 면제한다. 그 범위를 넘는 친족이라면 고소가 있어야 처벌한다. 재산만 문제가 되는 범죄들이니만큼 친족끼리 알아서 해결하라는 것이다. 다만, 강도나 손괴처럼 폭력을 동반한 범죄들은 제외한다.

위 이야기 속 범인은 구성실 씨의 혼인 외 자식이다. 그럴 경우 '인지'만 하면 친자식으로 대우받고, 그 효력은 태어났을 때로 거슬러 올라간다고 앞서 밝혔다. 법원은 범죄를 저지른 이후에 인지했을 때도 마찬가지라고 봤다. 부자지간의 일이기에 절도죄를 저질렀더라도 형사처벌을 하지 않는다(대법원 1997. 1. 24. 96도1731). 핏줄로 얽혀 있다는 사실만 있으면 그만이고, 그런 사이라는 것을 당사자들이 알고 있었어야 하는 것도 아니기 때문이다.

어린 시절 용돈이 궁하다는 핑계로 부모님 지갑에 손을 댔던 적이 있다면 괜히 안도의 한숨을 쉴 수도 있을 것이다. 다만, 주의해야 한다. 예외 규정이니만큼 아주 엄격하게 적용한다. 친구와 함께 친구 부모님의 물건에 손을 댔다면 친구만 용서받는다. 부모님 물건인 줄 알고 훔쳤는데, 부모님이 친구에게서 빌린 물건이었다면 용서받지 못한다. 엄격하게 '친족 사이'에서만 '친족의 재산'에 대해서만 적용하는 것이다.

그러다 보니 이런 일도 있었다. 할아버지의 예금 통장을 훔친 손자가 있었는데, 현금자동지급기를 이용해 할아버지 계좌의 잔액을 자기 계좌로 이체했다. 손자 때문인 줄 꿈에도 몰랐던 할아버지는 돈이 없어졌다며 경찰에 신고했다. 어떻게 됐을까? 통장을 훔친 것은 절도죄라서 친족상도례 적용 대상이다. 하지만 현금자동지급기를 조작해 돈을 빼돌린 것은 '컴퓨터등사용사기죄'이고, 피해자는 은행이다. 처벌을 피할 길이 없었다(대법원 2007. 3. 15. 2006도2704). 못난 손자가 할아버지 눈에 피눈물이 흐르게 만든 것이다. 그러니 혹시라도 친족상도례를 생각하며 못된 짓을 꿈꾸지 말자. 어설픈 지식은 독약이나 마찬가지이다.

10 사돈의 팔촌은 무슨 사이일까?   159

민법 제777조(친족의 범위)

친족 관계로 인한 법률상 효력은 이 법 또는 다른 법률에 특별한 규정이 없는 한 다음 각호에 해당하는 자에 미친다.

1. 8촌 이내의 혈족
2. 4촌 이내의 인척
3. 배우자

제779조(가족의 범위)

① 다음의 자는 가족으로 한다.

1. 배우자, 직계혈족 및 형제자매
2. 직계혈족의 배우자, 배우자의 직계혈족 및 배우자의 형제자매

② 제1항 제2호의 경우에는 생계를 같이하는 경우에 한한다.

형법 제328조(친족 간의 범행과 고소)

① 직계혈족, 배우자, 동거 친족, 동거 가족 또는 그 배우자 간의 제323조의 죄(권리행사방해죄)는 그 형을 면제한다.

② 제1항 이외의 친족 간에 제323조의 죄를 범한 때에는 고소가 있어야 공소를 제기할 수 있다.

제365조(친족 간의 범행)

① 제362조의 죄(장물의 취득, 알선 등)를 범한 자와 피해자 간에 제328조 제1항, 제2항의 신분관계가 있는 때에는 동조의 규정을 준용한다.

② 제362조의 죄를 범한 자와 본범 간에 제328조 제1항의 신분관계가 있는 때에는 그 형을 감경 또는 면제한다. 단, 신분관계가 없는 공범에 대하여는 예외로 한다.

사람이 죽어 남길 수 있는 것은?

11

상속의 효력

아무리 많은 재산을 모은 사람일지라도 세상을 떠날 때는 빈손으로 가야 한다. 누구라도 예외 없이 공평하다. 남기고 간 재산을 어떻게 할 것인지의 문제는 산 자들의 몫이다. 사회의 안정을 추구하는 것이 법인 만큼 갈등의 소지를 최소화하기 위한 원칙들을 정해놓았다. 누가, 얼마만큼씩 상속받을 것인지 여러 가지 경우의 수까지 가정해 준비해두었다. 그래도 '욕심'이 살아 있는 사람들끼리의 분쟁을 완전히 막을 수는 없지만.

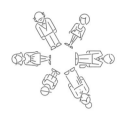

법에서의 '사람'이란 무엇인가?

공수래공수거空手來空手去, 빈손으로 왔다가 빈손으로 가는 것. 재물이나 권력, 명예를 아무리 좇아도 떠나는 길은 올 때처럼 벌거벗은 몸이어야 한다. 종교적이고 철학적인 가르침인데, 사실은 가장 기본적인 법의 원칙이기도 하다. 민법 제3조는 "사람은 생존한 동안 권리와 의무의 주체가 된다"라고 한다. 뒤집으면 떠난 이후에는 아무것도 손에 쥐지 못한다는 선언이다. 어쩌면 당연한 이야기인데 법으로까지 정한 이유가 있을까? 단순한 듯한 이 원칙에서 많은 것이 따라 나온다.

우선 권리는 법이 보호해줄 만한 가치가 있을 때 주는 것이다. 그걸 우리 법은 사람에게만 인정한다. 간혹 해외 뉴스에 자신이 기르던 개나 고양이에게 엄청난 재산을 남겨줬다는 소식이 나오지만, 대한민국에서는 반려동물이 아무리 가족 같아도 불가능하다. 그게 무슨 문제냐고?

2003년 부산지방법원에서 '천성산 도롱뇽'을 원고로 소송이 제기된 일이 있다. 천성산은 22개의 습지, 늪을 품은 세계적으로 희귀한 고층 늪지 지형이었기에 고속철도를 위해 터널을 뚫으면 이들이 멸종할지 모른다는 이유에서였다. 하지만 법원은 도롱뇽이 당사자 자격이 없다고 판단했다. 당연한 일은 아니다. 일본에서는 우는토끼가 골프장 개발을 막았고, 미국에서는 알락쇠오리가 해안가 숲의 벌목을 막기도 했다. 더 나아가 볼리비아처럼 헌법으로 생태계의 생존 권리를 인정하고 있는 국가들도 있다. 사람이 아닌 자연에 대해서도 필요에 따라 권리를 인정했기 때문인데, 우리는 안 된다고 보았다.

아쉽지만 일단 사람으로만 한정해서 다시 이야기를 이어가자. 그렇다면 사람은 언제부터 독립한 인격체로 권리와 의무가 있을까? 모든 사람은 어머니 배 속에 있었다. 그때는 사람이었을까? 예를 들어 형법은 낙태죄를 두고 살인과 낙태를 구별하고 있다. 어떤 순간부터 사람으로 봐야 할지 구별할 필요가 있는 것이다. 이에 관해 몇 가지 의견이 있다. 어머니가 출산을 위한 진통을 시작하면 그때부터라는 입장, 최소한 아기 몸의 일부 또는 전부가 밖으로 나와야 한다는 입장, "응애" 하고 울음을 터뜨려 혼자 숨을 쉴 수 있는 정도는 되어야 한다는 입장 등이다.

이런 논의는 언제부터 새로운 생명을 사람으로 보호해줄 것이냐를 정하기 위해서 필요하다. 최대한 빠르면 좋겠지만 법은 불분명한 상태를 피하는 경향이 있다. 그래서 민법은 완전히 어머니 몸 밖으로 나왔을 때를 기준으로 삼는다. 다만, 형법은 규칙적인 진통으로 분만을 시작했을 때부터 사람으로 친다(대법원 2007. 6. 29. 2005도3832). 사람의 생명과 신체를 보호하기 위해 예외적으로 범위를 넓힌 것이다. 따라서 분만 중인 아이를 해치면 낙태가 아니라 살인이다.

다음으로 언제까지를 '생존한 동안'이라고 볼까? 죽음의 시점에 대해서도 여러 해석이 있다. 각각 호흡이 멈췄을 때, 심장의 운동이 끝났을 때, 뇌 기능이 멎었을 때를 주장한다. 법은 일반적으로 심장을 기준으로 삼는데, 그래서 뇌사를 두고 종종 사회적 논란이 일어나곤 한다. 장기이식에 관한 문제, 존엄사를 인정할 것이냐의 문제를 두고 그렇다.

이처럼 '사람'이라는 당연하게 여겨지는 개념이 법적으로는 여러 가지 복잡한 문제를 안고 있는 것이다. 이런 논의들마저 어찌 됐든 살아 있는 사람들끼리의 이야기이다. 세상을 떠났다고 판정받는 순간 누구든 자유로워진다. 어떤 것에도 더는 권리도 의무도 없어진다. 그가 남긴 것들을 어떻게 해야 할지 상속의 문제가 남을 뿐이다. 물론 그 역시 살아 있는 사람들을 위해서이다.

남겨진 자들을 위해 남겨진 재산

살아 있던 사람이 손에 쥐었던 것들을 놓는 바로 그 순간, 누군가는 그걸 받아야 할 필요가 생긴다. 상속은 단순하게 재물이나 금전을 넘겨받는 일이 아니라 국가와 사회의 입장에서는 관리할 사람이 있어야 한다는 뜻이다. 살고 있던 집이 있다면 누군가는 그걸 계속 쓸고 닦아 가치를 유지해야 한다. 즉 재산에 관한 한 망자의 빈자리, 지위 자체를 메우는 것이다. 누구에게 맡길지 여러 가지 길이 있지만, 법은 일단 핏줄을 중심으로 순서를 정해놓았다.

1순위는 자기로부터 직계로 이어져 내려가는 자녀 혹은 손자녀인 직계비속이다. 아들딸 구별하지 않고, 혼인 중에 가졌든 아니든 상관하지 않는다. 태아는 아직 사람이 아니지만 상속 순위를 정할 때는 예외적으로 이미 태어난 것으로 본다. 2순위는 조상으로부터 직계로 내려와 자기에 이르는 혈족인 부모, 조부모 등의 직계존속이다. 자식 앞세우게 하는 일보다 큰 불효는 없다고 하는데, 떠난 자리까지 정리해야 한다면 사실일 듯싶기도 하다. 아버지, 어머니 구별하지 않는다. 3순위가 형제자매이다. 어머니나 아버지가 다른 형제인 경우는 어떨까? 아들딸 구별을 없앤 취지에 비추어 모두 상속 자격이 있다고 법원은 본다(대법원 1997. 11. 28. 96다5421). 마지막 4순위가 같은 성씨를 쓰는 4촌까지의 혈족이다. 앞선 순위에 해당하는 사람이 한 사람만 있어도 뒤쪽 순위는 상속을 받지 않는다.

그럼 배우자는 몇 순위일까? 1순위, 2순위 상속인이 있을 때는 그 상속인과 같은 순위를 가지고, 그 상속인이 없을 때는 단독으로 상속인이 된다. 더 폭넓게 상속인의 자격을 주는 것이다. 다만, 여기서 배우자는 법률상 배우자만 가리키고, 사실혼 관계일 때는 인정하지 않는다는 점을 앞서 살펴보았다. 국가 입장에서는 실제 배우자였는지 확인할 방법이 없기 때문이다. 망자에게 물어볼 수도 없으니까. 혹시 이혼소송 중이었다면 어떨까? 아직 판결 전이라면 여전히 상속 자격이 있다.

그런데 이렇게 물려받을 자격이 있다는 사실이 비극을 부르기도 한다. 많건 적건 부모님의 재산을 노리고 끔찍한 짓을 저지른 자식들에 관한 뉴스가 종종 들린다. 법이 이를 용납할 리 없다. 부모를 비롯해 재산을 물려줄 수 있는 사람 혹은 자기보다 앞선 순위를 가진 사람을 해칠 경우 상속 자격을 박탈해버린다. 같은 순위에 있는 사람을 해쳐도 자기 몫이 늘어나는 효과가 있기에 역시 박탈한다.

설령 죽음에 이르지 않았더라도 살해하려는 시도만 해도 그렇다. 살해까지 노리지 않았지만 심하게 다친 나머지 죽음에 이르렀더라도 마찬가지이다. 중요한 점은 상속재산을 노리고 벌인 범죄인지 아닌지 따지지 않는다는 것이다. 어쨌든 피붙이를 해쳤다면 그 사실 자체만으로 이미 자격이 없다고 봐야 하지 않겠는가? 부모를 해쳐놓고 그 재산으로 제사상을 차리는 일은 있을 수 없다.

나아가 남겨진 재산에 대한 망자의 뜻을 왜곡시켜도 상속 자격을 없앤다. 거짓으로 속여 혹은 강요로 유언을 방해하거나 유언하도록 만들었을 때이다. 가짜 유언장을 만들어내거나 자기에게 유리하도록 살짝 바꾼 경우, 아예 찾을 수 없게 감추고 없앴을 때도 그렇다.

당연해 보이는 원칙들이긴 한데 법원을 고민에 빠뜨린 사건이 있었다. 아내가 첫 아이를 임신한 지 한 달 만에 남편은 야속하게도 세상을 떠났다. 슬픔에 빠진 아내를 시부모는 애잔한 눈으로 바라보고 있다. 배 속의 아이가 그들에게 남겨진 유일한 핏줄이다. 하지만 아내는 너무 젊다. 아버지 없는 아이를 혼자 키울 자신도 없다. 그녀가 만약 낙태한다면 상속 자격이 있을까? 아내의 상속에 달라지는 것은 없다. 배우자는 1, 2순위가 있으면 공동 상속을 한다고 했다. 태아는 상속에 있어서는 이미 태어난 것으로 보니까 1순위다. 하지만 여전히 2순위인 시부모가 있다. 낙태를 해도 단독 상속을 할 수 있는 것이 아니다. 굳이 따지면 오히려 세 사람이 나누게 되어 몫이 줄어든다.

태아는 아직 '사람'은 아니니까 살해가 아니고, 여전히 아내는 상속받을 수 있다는 의견도 있다. 하지만 법원은 상속과 관련한 문제인 만큼 이 경우는 낙태가 아니라 살인에 가깝다고 봤다. 상속재산을 노리고 저지르지 않았더라도 상속 자격을 박탈한다는, 앞서 설명한 원칙도 적용했다. 그 결과 아내는 남편의 재산을 물려받지 못했다(대법원 1992. 5. 22. 92다2127). 많은 여운이 남는 판결이었다. 여러분은 어떻게 생각하는가?

상속 순위를 상속한다?

1997년 8월 6일 새벽, 서울을 떠나 괌으로 향했던 여객기가 공항 착륙 직전 추락하는 사고가 발생했다. 따뜻한 휴양지를 눈앞에 두고 무려 228명이 목숨을 잃은 대참사였다. 그런데 희생자 중에 수천억 원대 자산가 부부와 그들의 딸, 아들의 가족이 있었다. 일 때문에 서울에 남았던 사위만 사고를 피했다. 유족으로는 그 밖에 자산가의 형제자매가 있었다. 자산가의 재산은 누가 물려받아야 할까?

엄청난 재산을 두고 사위와 형제자매 가운데 누가 우선인가가 문제이다. 앞에서 직계비속, 직계존속, 형제자매, 4촌의 순서로 상속받는다고 살펴봤다. 그렇다면 사위, 며느리는 어떻게 될까? 법은 이런 경우 대습상속代襲相續을 하도록 하고 있다. 원래 상속받을 사람이 있었는데 상속받기 전에 먼저 사망했다면 그 사람의 직계비속이나 배우자가 대신 상속받는다는 것이다. 사망했을 때뿐만 아니라 상속받을 자격을 박탈당했을 때도 대습상속은 인정된다. 가령 아버지가 잘못했다고 손자까지 아무것도 받지 못하는 것은 가혹하니 말이다.

이렇게 생각해보면 된다. 만약 자산가의 딸이 살았다면 상속을 받을 것이다. 사람 일은 모르는 법이니 나중에 딸이 남편보다 먼저 사망하면 남편이 다시 그 재산을 물려받을 수도 있었다. 그래서 딸이 가졌던 우선순위를 유지해주겠다는 것이 법의 선택이었다.

조금 다른 예를 들어보자. 아버지와 작은아버지가 먼저 돌아가셨고, 후에 할아버지가 돌아가셨다. 아버지에게는 아들이, 작은아버지에게는 아들, 딸이 있다. 할아버지가 100이라는 재산을 남겼다면 어떻게 나눠 가질까? 손자녀들은 모두 할아버지의 직계비속이니까 골고루 나눈다고 생각할 수도 있다. 하지만 대습상속이라는 제도 때문에 그렇지 않다. 직접 상속이 아니라 각각의 아버지들을 대신해 받는다. 아버지의 아들은 50을, 작은아버지의 아들과 딸은 작은아버지 몫인 50을 나눠서 25씩을 갖는다.

그런데 꽈 사건에서는 한 가지 문제가 있었다. 하나의 사고로 두 사람 이상이 목숨을 잃었을 때 동시에 사망한 것으로 추정한다는 규정이 있다(민법 제30조). 사람은 살아 있을 때만 권리와 의무가 있으니 동시에 사망했다면 서로 상속받지 못하는 것이 원칙이다. 따라서 자산가와 딸 역시 마찬가지 경우이고, 사위가 대습상속을 받을 여지도 없지 않느냐는 것이었다.

하지만 법원은 그렇게 보지 않았다. 법조문은 어디까지나 추정한다는 것인데, 엄밀히 따져 동시에 사망한다는 것은 있을 수 없다는 것이다. 0.000001초라도 누군가 먼저 사망했을 것으로 봐야 합리적이라는 것이다. 아버지가 먼저 사망했으면 딸이 상속을 받은 다음 사망했을 것이다. 그럼 사위는 딸의 재산을 다시 상속받는다. 딸이 먼저 사망했으면 대습상속에 의해 상속을 받는다. 어떻게든 사위는 상속받을 권리가 있다는 것이다(대법원 2001. 3. 9. 99다13157). 한때 배우자의 대습상속은 며느리에 대해서만 인정했다. 생계 보장 차원에서였다. 그러나 남녀 차별을 할 이유가 없기에 1990년 민법 개정과 함께 바뀌었다. 그러고 나서 발생한 대표적 사례가 괌 사고였다. 아직도 이에 대해서는 사회적 논쟁이 있기는 하다. 앞순위가 있는 한 뒷순위는 한 푼도 물려받을 수 없다는 것, 형제자매는 제쳐두고 피 한 방울 섞이지 않은 사위가 모든 재산을 단독으로 받는 것이 과연 타당하냐는 것이다.

이처럼 상속과 관련해서는 크고 작은 논란이 끊이지 않는다. 관련된 모든 사람이 100퍼센트 만족할 방법은 없을 것이다. 이렇게 생각해야 한다. 크건 작건 그 재산은 어디까지나 망자의 것이었다. '내 것'이라고 생각하는 순간 문제의 씨앗이 싹튼다. 상속을 맞아 오히려 생각해야 할 것은 나 역시 언젠가는 빈손으로 떠나야 한다는 분명한 사실 아닐까.

상속을 둘러싼 여러 분쟁

법은 무엇을 누구에게 상속할지를 재산에 관한 포괄적인 권리의무라고 정해놓았다. 집, 토지 같은 부동산이나 생전에 쓰던 여러 물건 따위의 동산, 은행 예금 등 채권(채무 또한)이 모두 상속의 대상이다. 대신

상속할 수 있다 vs 없다

사례 1 "호랑이는 죽어서 가죽을 남기고 사람은 죽어서 이름을 남긴다." 그러니 훌륭한 일을 해서 명예로운 이름을 남길 수 있도록 해라. 어릴 적 누구나 들어봤을 속담이다. 그런데 후세에 이름과 더불어 '이름 값'을 남길 수는 없을까?

→ 고개를 갸웃거리고 있다면 아마 퍼블리시티권right of publicity에 대해 들어봤기 때문이리라. 연예인이나 스포츠 스타 같은 유명인의 이름, 초상, 목소리 따위를 별도의 재산권으로 인정하는 것이다. 마치 앨범을 판매하듯이 그 사람과 분리해서 상업적으로 이용할 수 있게 해준다. 팝의 황제 마이클 잭슨은 사망 후 2013년에만 이름 값으로 1,600억 원이 넘는 돈을 벌었다고 한다.

우리도 연예인들이 자기 이름을 함부로 썼다며 소송을 거는 일이 종종 벌어진다. "유명 배우 ㄱ 씨가 성형한 병원" 같은 광고를 했을 때 말이다. 언론에서는 이를 퍼블리시티권으로 부르지만, 아직 법원이 정식으로 인정하지 않고 있다. 사실과 다른 광고를 했다면 정신적 손해배상을 하라고 하지만, 그건 그 사람의 초상권, 성명권을 침해했다고 본 것이다. 유명인이 아니라 누구에게나 인정되는 권리이다. 우리나라에서는 이름 그 자체는 사망하면 그 사람과 함께 묻히고, 따로 떼어내서 사고팔 수는 없다.

사례 2 각종 재난이나 교통사고, 질병 등 여러 가지 위험에 대비하기 위해 생명보험에 가입하는 사람들이 많다. 보험회사가 매달 일정한 보험료를 받다가 불의의 사고를 당하면 대신 약속한 보험금액을 주는 것이다. 본인이 사망하는 바람에 다른 사람이 받는 것이니 이 돈도 상속재산이 아닐까?

→ 그건 받을 사람, 즉 보험 수익자를 미리 정했느냐에 따라 달라진다. 콕 집어 받을 누군가를 정해놓았다면 그건 그 사람의 고유재산이지 상속재산이 아니다(대법원 2001. 12. 24. 2001다65755). 망자와 보험회사가 처음부터 그 사람에게 주기로 약속했기 때문이다. 그러므로 상속세 같은 문제도 발생하지 않는다. 비슷한 원리가 공무원, 군인 등의 유족연금이다. 역시 애초부터 받을 사람의 고유재산이었다고 한다(대법원 2006. 2. 23. 2005두11845). 만약 보험 수익자를 지정하지 않았다면 보험금 역시 상속재산으로 처리된다.

사례 3 상가에서는 유족끼리 싸우는 일이 종종 벌어지곤 한다. 짐작하겠지만 대개 돈 때문인데, 그중 하나가 부의금을 둘러싼 갈등이다. 형제자매가 여럿이다 보면 각자의 인간관계에 따라 찾아오는 조문객들도 달라진다. 수많은 사람이 줄을 지어 방명록을 쓰고 봉투를 남길 수도 있고, 겸연쩍은 표정으로 밥만 먹고 가는 사람이 있을 수도 있다. 모인 부의금은 많은데 사실상 형제 가운데 한 사람 덕분이라면 어떻게 나눠야 할까?

→ **법원은 부의금도 일종의 상속재산으로 본다.** 돈의 성격이 서로 돕는 공동체 정신에서 비롯된 것으로서 유족을 위로하는 한편 장례에 따른 부담을 덜어주기 위해 내는 것이라고 판단했다. 그러니 장례비용에 쓰고 남은 것은 상속재산처럼 나눠 가지는 것이 원칙이라고 한다(대법원 1992. 8. 18. 92다2998). 다만, 부의금 상자가 아니라 따로 누군가의 주머니에 넣어주는 봉투처럼 처음부터 그 사람에게만 준 것이라면 달리 봐도 된다.

사례 4 교통사고 뺑소니로 정사원 씨가 사망했다. 가해자는 유족에게 이런저런 손해를 배상해야 한다. 살아 있었다면 벌어들였을 수입이라든가 정신적 고통에 관한 위자료 등이다. 그 돈은 원래 망자의 것인데 유족이 상속받는 것이다. 하지만 그는 이미 망자 아닌가? 앞서 사람은 살아 있는 동안에만 권리와 의무를 갖는다고 했다. 사고로 '즉사'했는데 어떻게 손해배상을 받을 권리를 가지고, 그걸 상속한다는 것일까?

→ **법은 종종 한계 상황에 대한 질문에 답변해야 한다.** 법원은 설령 즉사했다고 하더라도 치명상을 받았을 때와 실제 사망했을 때 사이에 이론적으로 시간적 간격이 있고, 치명상을 입었을 때 얻은 손해배상청구권이 사망으로 상속인에게 넘어간다고 보았다(대법원 1969. 4. 15. 69다268).

사례 5 한망자 씨는 고향 친구의 사업에 보증을 섰다. 딱히 언제까지라는 기간도 없고 한도액도 없었다. 갑자기 세상을 떠난 한망자 씨. 이 사실을 모르고 있었던 유족은 뜻밖의 소식에 망연자실했다.

→ **상속에 관한 상담 과정에서 자주 받는 질문이 있다.** "빚도 상속받나요?" 갚아 없애야 할 대상이다 보니 '재산'이라고 인식하기 어렵기 때문이다. 당연히 물려받는다. 만약 시한부 선고를 받은 아버지가 담보도 없이 은행에서 신용 한도만큼 대출을

받아 가족에게 줬다고 생각해보자. 간단하지 않은가. 그 돈은 가족이 갚아야 한다. 한망자 씨의 경우 유족이 기간도 한도도 없는 짐을 이어받는 것은 가혹할 것이다. 그럴 때는 사망 당시까지 발생한 빚만큼만 책임지면 된다고 한다(대법원 2001. 6. 12. 2000다47187).

친권, 부양료 청구권, 급여 청구권처럼 망자와 떼어놓을 수 없는 것들은 일신전속권*으로 상속의 대상이 아니라고 본다(민법 제1005조).

그런데 말이다. 원망스럽게도 망자가 빚만 잔뜩 남기고 떠났다면 어떻게 해야 할까? 다음에 이어지는 글에서 그 해결책을 하나씩 알아보도록 하자.

* 일신전속권: 주체와의 관계가 매우 긴밀해 다른 사람에게 귀속될 수 없는 권리. 또는 그 주체만이 행사할 수 있는 권리를 뜻한다.

민법 제1000조(상속의 순위)

① 상속에 있어서는 다음 순위로 상속인이 된다.

1. 피상속인의 직계비속

2. 피상속인의 직계존속

3. 피상속인의 형제자매

4. 피상속인의 4촌 이내의 방계혈족

② 전항의 경우에 동순위의 상속인이 수인인 때에는 최근친을 선순위로 하고 동친 등
의 상속인이 수인인 때에는 공동 상속인이 된다.

③ 태아는 상속 순위에 관하여는 이미 출생한 것으로 본다.

제1001조(대습 상속)

전조 제1항 제1호와 제3호의 규정에 의하여 상속인이 될 직계비속 또는 형제자매가
상속 개시 전에 사망하거나 결격자가 된 경우에 그 직계비속이 있는 때에는 그 직계
비속이 사망하거나 결격된 자의 순위에 갈음하여 상속인이 된다.

제1003조(배우자의 상속 순위)

① 피상속인의 배우자는 제1000조 제1항 제1호와 제2호의 규정에 의한 상속인이 있
는 경우에는 그 상속인과 동순위로 공동 상속인이 되고 그 상속인이 없는 때에는 단
독 상속인이 된다.

② 제1001조의 경우에 상속 개시 전에 사망 또는 결격된 자의 배우자는 동조의 규정
에 의한 상속인과 동순위로 공동 상속인이 되고 그 상속인이 없는 때에는 단독 상속
인이 된다.

제1004조(상속인의 결격 사유)

다음 각호의 어느 하나에 해당한 자는 상속인이 되지 못한다.

1. 고의로 직계존속, 피상속인, 그 배우자 또는 상속의 선순위나 동순위에 있는 자

를 살해하거나 살해하려 한 자

2. 고의로 직계존속, 피상속인과 그 배우자에게 상해를 가하여 사망에 이르게 한 자

3. 사기 또는 강박으로 피상속인의 상속에 관한 유언 또는 유언의 철회를 방해한 자

4. 사기 또는 강박으로 피상속인의 상속에 관한 유언을 하게 한 자

5. 피상속인의 상속에 관한 유언서를 위조·변조·파기 또는 은닉한 자

제1005조(상속과 포괄적 권리의무의 승계)

상속인은 상속 개시된 때로부터 피상속인의 재산에 관한 포괄적 권리의무를 승계한다. 그러나 피상속인의 일신에 전속한 것은 그러하지 아니하다.

제사상 뒤엎으며
벌이는 싸움

12

상속재산의
공평한 분할

상속인이 여러 명일 때 상속재산은 공유로 한다고 법은 정해놓았다. 그러므로 상속인들은 상속재산인 개개의 물건이나 권리에 대해 각자의 상속분만큼 지분을 갖는다. 그 지분을 두고 피 터지게 다투는 일도 비일비재하다. 기계적인 분배에 그치지 않고 가족 나름의 현실을 반영할 수 있도록 마련한 특별수익, 기여분 제도까지 따지다 보면 머리가 지끈거리기 일쑤이다. "가족끼리 왜 이래?" 하는 소리가 절로 나온다.

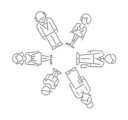

상속재산은 '공유', 함께 물려받는다

변호사가 맡는 다양한 사건 중 특히 힘든 것을 꼽으라면 상속을 둘러싼 분쟁이 빠지지 않을 것이다. 대부분 민사소송이 돈 때문이기는 하다. 하지만 특히나 형제자매, 때로는 부모 중 한 사람까지 얽혀 돈을 두고 다투는 모양새가 좋을 리 없다. 가까운 사이인 만큼 감정적인 대응으로 이어지기 쉽다. 법정에서도 걸핏하면 고성이 오간다. 그러니 대리하는 변호사도 고역이다. 어쩐지 판사의 시선이 곱지 않게 보이기까지 한다. 마치 가족 싸움을 부추기는 것처럼 느껴질 때도 있다.

상속 분쟁에도 여러 종류가 있지만, 한 가지 결정적인 공통점이 있다. 상속받는 사람이 여럿이라는 사실이다. 혼자가 아니기 때문에 많이 받네, 적게 받네 하며 이런저런 갈등이 싹튼다. 일단 법은 상속인이 수인(여러 명)일 때에 상속재산을 공유로 한다고 정해놓았다(민법 제1006조). 이 '공유'란 무슨 뜻일까?

민법상 재산에 관한 권리는 크게 '채권'과 '물권' 두 가지로 나뉜다. 집을 사는 과정을 생각해보자. 공인중개사 사무실에서 매매 계약서를 작성하고 계약금까지 내고 나면 집을 넘겨받을 권리가 생긴다. 그러나 아직 '내 집'이라고 할 단계는 아니다. 들어가 살면서 부동산등기까지 해야 한다. 약속만 있을 때를 채권, 내 손에 쥐었을 때를 물권이라고 보면 된다. 월급날이 올 때까지는 사장님 약속인 급여채권만 있을 뿐이고, 통장에 급여가 찍혀야 내 돈인 것이다.

물권 중에서 가장 대표적인 것이 소유권이다. 주인 뜻대로 사용, 수익, 처분할 수 있는 것으로서 전면적인 지배권을 가진다. 재산권 전체에서 가장 대표적인 권리이다. 사유재산제도, 자본주의 따위의 커다란 개념도 소유권을 개인에게 인정하는 것에서 출발한다. 그런데 그런 소유권을 여럿이 나눠 가져야 할 때가 있다. 아버지가 집 한 채를 남기고 사망했다면, 어머니, 아들, 딸이 모두 상속인으로 권리를 가진다. 그럴 때 어떻게 사용, 수익, 처분해야 할까?

여러 사람이 하나의 소유권을 나눠 가지는 방식으로 공유, 합유, 총유 세 가지가 있다. '공유'는 저마다의 권리를 가장 적극적으로 인정하는 방식이다. 각자 자기 몫인 지분을 가지고 있고, 그 지분 범위 안에서 자유롭게 사용, 수익, 처분할 수 있다. 다만, 이 지분이라는 게 물리적으로 나뉘는 것이 아니라 화학적으로 나뉜다는 사실만 주의하자. 레고를 쌓아 만든 집처럼 지분에 따라 한 부분을 뚝 떼어낼 수는 없다는 것이다. 소주와 맥주를 섞어 '소맥'을 만들었을 때처럼 일정한 비율은 있지만 분리할 수는 없다. 그러니까 지분이 아니라 공유재산 자체를 처분하려면 공유하는 사람 모두의 동의가 있어야 한다.

'총유'는 각자의 지분을 아예 인정하지 않는다. 교회 재산이 좋은 사례이다. 교회는 신도 모두의 재산이지만 어느 누구도 독자적인 권리를 가질 수는 없다. 다니는 동안 교회에서 정한 방식에 따라 사용, 수익할 수 있지만, 떠나면 더는 아무런 권리도 없다. 아무리 헌금을 많이 낸 사람일지라도 마찬가지이다. 이제 막 다니기 시작해서 아직은 재산 형성에 아무런 기여를 못 했더라도 다른 신도들과 똑같은 권리가 있다.

'합유'는 공유와 총유 중간 즈음에 있다. 특정한 목적을 위해 여러 사람이 소유권을 나눠 가지는 것이다. 지분은 인정하지만 그 지분을 제3자에게 마음대로 처분할 수 없다. 다른 합유자들의 동의가 있어야 한다. 친구들끼리 돈을 갹출해 식당을 차리기로 했다고 치자. 운영 수익을 나누거나 사업을 접어야 해서 남은 재산을 처분할 때 출자한 만큼의 지분에 따르면 된다. 이렇게 함께 사업을 하는데 혹시라도 친구 중 하나가 자기 지분을 팔아 낯선 사람이 끼어드는 것을 막고 싶다면 합유를 택하면 된다.

상속재산을 '공유'로 정해놓았기에 상속인들은 상속재산인 개개의 물건이나 권리에 대해 각자의 상속분만큼 지분을 갖는다. 상속인들이 지분에 맞게 상속재산을 쪼개면 단독 소유로 바꿀 수 있겠지만, 그 전에 제3자에게 지분을 파는 것도 가능하다. 혹시 누군가 공유인 아파트 전체를 팔았더라도, 그 지분을 넘는 부분에 대한 처분은 무효이다. 그런데 은행 예금처럼 지분에 따라 쉽게 나눌 수 있는 재산은 어떨까? 특별한 사정이 없는 한 지분에 따라 자동으로 나뉘니까 공유가 되지 않는다(대법원 2006. 7. 24. 2005스83). 빚 역시 마찬가지로 상속지분에 따라 자동으로 넘겨받는다(대법원 1997. 6. 24. 97다8809).

열 손가락 깨물어 안 아픈 손가락도 있다

열 손가락 깨물어 안 아픈 손가락 없다. 자식이 여럿이라도 한결같은 부모 마음을 빗대 흔히 이렇게 말하곤 한다. 하지만 현실이 꼭 그렇지만은 않다. 특별하게 마음 가는 자식이 있고, 특출 나게 꼴 보기 싫은 자식이 있기도 하다. 세상 떠나는 길에도 어쩔 수 없다. 더 많이 주고 싶기도, 한 푼도 안 남기고 싶기도 하다. 어쩌면 자식의 미래를 고민한 끝에 되도록 돈을 안 남기는 편을 선택할 수도 있다. 이것이 가능할까?

물론 어느 정도는 가능하다. 상속은 사망으로 모든 권리와 의무를 잃으며 이뤄지지만, 망인이 생전에 남긴 뜻을 법은 가능한 존중한다. 상속을 받을 사람 중 일부 혹은 전혀 상관없는 제3자에게 재산을 물려주는 일도 가능하다. 다만, 빚은 누군가를 지정해 물려줄 수 없다. 하필이면 가뜩이나 재산이 없는 상속인에게 빚을 몰아버리면 채권자로서는 받을 길이 없어지니까. 그러나 상속인이 받을 '유류분'까지 빼앗을 수는 없다. 과거 아들, 특히 장남에게 모든 유산을 넘기는 일이 많았다. 남녀평등이라는 시대적 흐름에 맞지 않는 일이었다. 딸들이나 혹은 장남 밑으로는 경제적 어려움을 겪기도 해서 법으로 어느 정도 제한을 할 필요가 있었다. 그래서 법적으로 받을 수 있는 상속분의 일정 부분만큼은 망인의 뜻에 맞지 않더라도 가져갈 수 있도록 정했다. 이 유류분 제도에 대해서는 14장에서 자세히 다루도록 하겠다.

망인이 재산에 대해 아무런 뜻을 남기지 않았다면 상속분은 법이 정해놓은 바에 따른다. 같은 순위의 상속인들끼리는 똑같이 나누도록 했다. 남녀의 차이도, 나이의 차이도 없다. 다만, 배우자는 50퍼센트를 더 받는다. 그러니까 아들, 딸과 아내가 있는 남편이 남긴 재산은 1:1:1.5의 비율로 상속받는 것이다. 앞으로의 이야기를 위해 3억 5,000만 원을 남겨 아들과 딸이 각각 1억 원씩, 아내는 1억 5,000만 원을 받는다고 치자. 그런데 누군가를 편애한다면 살아 있을 때도 그랬을 것 아닌가. 생을 마감하기 전에 자신의 사후를 정리하고 싶을 수도 있다. 그래서 위 사례의 남편이 생전에 아들에게는 사업자금으로 1억 원을 주었고, 친정에 도움을 요청하는 아내에게 1억 원을 주었다고 치자. 사망했을 때 남은 돈은 1억 5,000만 원이다. 1:1:1.5로 나누면 아들과 딸은 약 4,300만 원, 아내는 6,300만 원을 가질 것이다. 과연 공평하다고 할 수 있을까?

망인의 뜻에는 맞을지 모르나 법은 인정하지 않는다. 이걸 인정하면 여전히 한 사람에게 재산을 몰아주는 일이 가능하기 때문이다. 상속인 중에 생전에 목돈을 받았다면 이를 특별수익으로 본다. 그리고 상속재산이 얼마인지를 따질 때 특별수익을 합해서 계산한다. 그다음 상속분을 따져 부족한 만큼만 추가로 받는 것이다. 그러니까 아들과 아내가 받았던 1억 원씩을 더한 3억 5,000만 원을 전체 상속재산으로 치고, 그런 다음 상속분에 따라 나눈다. 아들은 이미 1억 원을 받았으니 더는 물려받을 것이 없다. 아내는 5,000만 원을 더 받고, 딸은 여전히 자신의 상속분인 1억 원을 받을 수 있다. 법이 추구하는 공평함이다.

그러면 어떤 경우를 특별수익이라고 할까? 부모 그늘 아래 자랐다면 누구나 상당한 재산을 미리 받았다고 할 수밖에 없다. 게다가 일일이 계산하는 것도 불가능하다. 분유를 몇 통 먹었는지, 기저귀를 몇 장이나 썼는지 어떻게 알겠는가? 망인의 자산 규모나 수입, 가정 형편 등에 따라 조금씩 달라지지만 아무래도 상속재산을 먼저 받았다고 할 만큼은 되어야 한다.

/특별수익인 것/

자녀의 결혼 준비자금이나 고액의 지참금 같은 돈은 특별수익이라고 본다. 아들, 딸 혼인시키면 기둥뿌리 뽑힌다고 하지 않는가. 결혼하지 않았더라도 경제적으로 독립하기 위해, 이를테면 전세자금 같은 걸 도와주었다면 특별수익에 해당한다.

/특별수익이 아닌 것/

자녀의 초중고 학자금, 나아가 등록금이 다소 비싸더라도 대학 학비까지는 특별수익으로 보지 않는다. 일상생활을 유지하기 위한 부양비용이나 생활비, 생일 축하금 정도 역시 특별수익이라고 보기 어렵다. 이런 경우는 어떨까? 평생을 함께한 노부부가 있었다. 아주 어렵지는 않았지만 따로 모은 재산이라고는 살고 있는 집 한 채였다. 남편 명의였던 걸 사망하기 몇 년 전 아내 명의로 바꿨다. 남편이 떠난 후 아들, 딸은 어머니를 상대로 소송을 시작했다. 아버지가 어머니에게 준 집이 특별수익이니 상속재산으로 나눠달라는 것이었다. 그러나 법원은 어머니의 손을 들어주었다. 일평생 반려자로 지내온 세월을 생각한다면 그 정도는 고스란히 어머니 것으로 봐야 하니 특별수익이 아니라는 것이다(대법원 2011. 12. 8. 2010다66644). 어머니와 자식들의 소송이라……. 서두에서 밝혔듯이 상속재산은 이런 일을 종종 부른다.

기여한 자식에게 더 내려주는 법

내리사랑은 있어도 치사랑은 없다. 윗사람이 아랫사람을 아끼기는 쉽지만, 아랫사람이 그만큼 윗사람을 생각하기는 어렵다는 속담이다. 특히 부모 자식 사이의 사랑에 관해 흔히 쓰는 말이다. 하기야 특별수익을 따지는 이유도 편애일지언정 내리사랑 때문에 벌어지는 일이니까. 하지만 그렇게 일반화를 해버리면 억울한 효자, 효녀가 있을 것이다. 제 몸보다 부모 모시는 데 열심이었던 사람들도 얼마든지 찾을 수 있다. 그리고 법은 그런 사람들의 몫을 따로 챙길 수 있도록 보장하고 있다. 상당한 기간 함께 살거나 보살피면서 특별히 부양하거나, 재산을 지키고 늘리는 데 특별히 기여한 사람들에게 기여분을 주도록 말이다 (민법 제1008조 2항). 물론 그걸 바라고 한 일은 아닐지라도 가족사를 따뜻하게 만들 동기를 법은 마련해두었다.

기여분은 상속재산 중 일부를 따로 떼어 먼저 주는 것이다. 그렇기에 같은 순위의 상속인들끼리 정한다. 상속 자체를 받을 수 없는 사람, 예를 들어 사실혼 배우자라면 아무리 정성 들여 망인을 보살폈더라도 기여분을 받을 수 없다.

누군가에게 기여분을 줄 경우 상속재산을 나누는 방법은 이렇다. 아버지가 1억 5,000만 원을 3남매에게 남기고 세상을 떠났다. 원래대로라면 각자 5,000만 원씩 물려받을 것이다. 그런데 맏딸이 아버지의 말년을 돌봤고, 재테크를 도와 1억 원 남짓이었던 재산도 불려놓았다고 치자. 남매는 맏딸에게 3,000만 원을 기여분으로 주기로 협의했다. 이 경우 일단 전체에서 3,000만 원을 뺀 1억 2,000만 원만 상속재산으로 본다. 기여분은 처음부터 받을 사람의 재산으로 여긴다. 그리고 남은 1억 2,000만 원을 상속분에 따라 나누는 것이다. 결과적으로 맏딸은 상속분 4,000만 원에 기여분을 합한 7,000만 원을, 나머지 두 사람은 4,000만 원씩을 받는다.

이처럼 기여분을 인정하는 순간 다른 상속인들로서는 큰 손해(?)를 본다고 느낄 수 있다. 원래 재산의 주인이었던 사람은 떠나고 없는 상황이고, 다들 자기 몫을 양보하기 쉽지 않은 것이 인지상정일진대 어떨 때 기여분을 줄까? 첫 번째로 함께 살거나 돌보면서 특별한 부양을 했을 경우라고 했다. 여기서 방점은 '특별한'에 찍힌다. 부부끼리, 부모 자식끼리는 원래 서로 돌봐야 할 부양의무가 있는 만큼 일반적인 기대 수준을 훌쩍 넘어서야만 특별하다고 볼 수 있다.

한 가지 넘지 못할 선이 있다. 아무리 크게 기여했더라도 망인이 유언으로 다른 사람에게 넘긴 재산을 넘지 못한다는 것이다. 아버지가 1억 원의 재산을 형제에게 남겼다. 동생에게 3,000만 원만큼의 '특별한' 기여가 있었다. 그런데 뜻밖에도 아버지는 생전에 신세를 졌다며 제3자인 A에게 8,000만 원을 주라고 했다. 이럴 때 동생이 기여분으로 받을 수 있는 금액은 2,000만 원이 한도라는 것이다. 망인의 뜻이 그렇다면, 마저 받드는 것이 치사랑이라고 법은 본 것일까?

특별한 부양이다 vs 아니다

사례 1 교통사고를 당한 남편을 5년가량 간병한 아내가 있다. 남편은 직장 생활을 하면서 부업으로 조그마한 가게를 차렸는데 자연스레 아내와 공동으로 운영했다. 아내의 수완이 더 뛰어났던지, 남편이 남긴 재산보다 아내 명의로 된 재산이 더 많았다. 아내의 간병을 특별한 부양이라고 볼 수 있을까?

→ 법원은 그 정도로는 안 된다고 했다. 부부로서 당연히 했어야 할 일이라고 봤다(대법원 1996. 7. 10. 95스30).

사례 2 작은아들은 결혼한 후에도 아버지가 돌아가실 때까지 10년 넘게 함께 살았다. 형님과 여동생이 미루는 바람에 한 일이 아니고, 아버지가 딱히 경제적으로 곤란한 상황도 아니었다. 자발적으로 모셨던 것이다. 그저 생계만 도와드리는 수준도 아니었다. 좋은 것, 맛있는 것은 아버지 우선이었고, 가족 여행 같은 행사에도 꼬박꼬박 함께했다. 당연한 일이라고 해야 할까?

→ 법원은 특별하다고 봤다(대법원 1998. 12. 8. 97므513). 자녀가 성년에 이른 후에 부모 자식 사이의 부양 정도는 2차적인 것으로 본다. 부모의 생계유지가 곤란한 반면, 자식에게는 여유가 있을 때 최소한의 도움을 주면 된다. 법적으로는 그렇다는 것이다. 작은아들은 그 수준을 넘어섰으니 특별하다고 볼 수밖에.

사례 3 일찌감치 독립한 김첫째와 달리 김둘째는 노쇠한 김부친을 대신해 가게를 관리하고 배달도 도맡아 했다. 아버지가 돌아가시면 가게에 대해 김둘째가 형보다 많은 지분을 받을 수 있을까? 다른 사례로 한첫째, 한둘째 둘 다 독립했는데, 형은 아버지 가게 수리비며 도매 물건 대금 따위를 종종 대신 내드렸다. 즉, 아버지 사업자금을 지원한 것이다. 그렇다면 형이 많은 지분을 가질 수 있을까?

→ 재산을 지키거나 늘리는 데 기여했을 때도 역시 '특별한' 것인지를 따진다. 이때는 다른 가족 구성원과 비교하는 것이 특별한지를 정하는 방법이다. 거창하게 말하자면 가족기업, 평범한 가게일지라도 일가족이 운영에 매달리는 경우가 있다. 위사례에서 김둘째와 한첫째는 다른 형제보다 더 많은 지분을 가질 수 있다. 단, 기여분의 구체적인 액수를 정하는 것은 상속인들의 자유이다. 협의가 제대로 이뤄지지 않을 때는 법원이 기여한 기간이나 방법, 남은 재산의 규모를 고려해 판단해준다.

죽어서도 뒷모습이 아름다울 수 있도록

혹자는 과거 큰아들이 전 재산을 물려받던 관습의 기원을 농경문화에서 찾기도 한다. 살림 밑천이라고는 자그마한 논밭뿐인데 그걸 쪼개면 다 살기 힘들다는 것이다. 장남에게 몰아줘야 그나마 제사를 지내고 대를 이을 땅이 유지되니, 다른 자식들에게는 가혹하지만 그것이 생존의 한 양식 아니겠냐는 주장이다. 진위를 떠나 21세기 대한민국에서 이게 통할 리 없다. 농사는 물론 어떤 가업도 물려받는 게 오히려 특별한 일이 됐다. 남겨진 재산은 결국 상속인들이 상속분에 따라 쪼개야 한다. 공유를 단독 소유로 바꾸는 분배의 과정, 상속재산의 분할이 필요하다.

앞서 상속재산은 공유해야 한다고 했다. 민법상 공유물을 나누는 방법은 세 가지가 있다. 상속된 토지를 지분에 따라 나누는 것처럼 물건 자체를 쪼개는 '현물분할'이다. 가장 뒤탈이 없는 편이라 법원이 판결로 분할할 때 원칙적으로 취하는 방법이다(대법원 2004. 7. 22. 2004다 10183). 하지만 만약 주택이라면 그런 식으로 나눠 가지기 어려울 것이다. 그럴 경우 상속인 중 한 사람이 집 전체를 물려받고 다른 상속인들에게는 상속분에 해당하는 만큼을 돈으로 물어줄 수도 있다. 이를 '대상분할'이라고 한다. 그런데 상속재산이 토지라 같은 평수로 나눴는데, 형이 가져간 쪽은 도로에 붙어 있어 훨씬 비싸다면 어떻게 할까? 차이가 나는 만큼을 동생에게 돈으로 보전해줄 수도 있다(대법원 2002. 10. 25. 2001다83852). 현물분할과 대상분할을 혼합한 방식으로, 이도 저도 안 될 경우에는 팔아서 돈으로 나눠 갖는 '가액분할'이 최후의 방법이다.

어떤 방법으로 나눌지는 물려주는 사람이 유언으로 정할 수 있다. 다만, 상속인들 전부가 합의하면 다른 방법으로 분할할 수 있다. 어쩔 것인가. 어차피 저승에서 막을 수는 없으니. 간혹 유언으로 집은 첫째에게, 땅은 둘째에게 하는 식으로 정해주는 경우가 있다. 이건 엄밀히 따져 분할의 '방법'은 아니다. 다만, 상속인들 각자의 상속지분에 맞는다면 따라야 한다. 물론 누군가에게 일방적으로 몰아줬다면 유류분이 문제 될 수 있다.

특별한 지정이 없었다면 상속인들 모두 협의해 나눈다. 어떤 방법을 택할지도 자유이고, 협의만 된다면 꼭 지분대로 나눠야 하는 것도 아니다. 꼭 전부 합의해야 하고 누구 하나라도 빼놓으면 무효이다. 다만, 금전적인 빚은 자동으로 상속분에 나눠 물려받는 것인 만큼 공유의 대상이 아니라고 앞서 살펴봤다. 같은 원리로 상속인들끼리 협의해서 누구에게 몰아주는 것도 불가능하다(대법원 1997. 6. 24. 97다8809). 협의가 이뤄지지 않으면 누군가 한 사람의 청구로 법원에 가는 수밖에 없다.

우여곡절 끝에 분할이 끝나면 그 효력은 상속이 이뤄진 때로 소급한다. 그때부터 각자의 재산이었다고 보는 것이다. 이로써 깔끔하게 정리된 것이면 좋을 텐데, 간혹 문제가 남아 있을 수 있다. 돌아가신 아버지에게 숨겨진 자식이 있었다는 식으로 말이다. 그런 경우라면 이미 분할이 끝난 뒤라도 상속재산과 상속지분을 다시 계산한 다음, 다른 상속인들이 더 가져간 만큼씩 돈으로 반환해야 한다. 세상 떠나면 모든 것에서 자유로워지는 것 같지만, 이런 걸 보면 남을 뒷모습까지 생각하지 않을 수 없으리라.

민법 제1006조(공동 상속과 재산의 공유)
상속인이 수인인 때에는 상속재산은 그 공유로 한다.

제1007조(공동 상속인의 권리의무 승계)
공동 상속인은 각자의 상속분에 응하여 피상속인의 권리의무를 승계한다.

제1008조(특별수익자의 상속분)
공동 상속인 중에 피상속인으로부터 재산의 증여 또는 유증을 받은 자가 있는 경우에 그 수증재산이 자기의 상속분에 달하지 못한 때에는 그 부족한 부분의 한도에서 상속분이 있다.

제1008조의 2(기여분)
① 공동 상속인 중에 상당한 기간 동거·간호, 그 밖의 방법으로 피상속인을 특별히 부양하거나 피상속인의 재산의 유지 또는 증가에 특별히 기여한 자가 있을 때에는 상속 개시 당시의 피상속인의 재산가액에서 공동 상속인의 협의로 정한 그 자의 기여분을 공제한 것을 상속재산으로 보고 제1009조 및 제1010조에 의하여 산정한 상속분에 기여분을 가산한 액으로써 그 자의 상속분으로 한다.
② 제1항의 협의가 되지 아니하거나 협의할 수 없는 때에는 가정법원은 제1항에 규정된 기여자의 청구에 의하여 기여의 시기·방법 및 정도와 상속재산의 액, 기타의 사정을 참작하여 기여분을 정한다.
③ 기여분은 상속이 개시된 때의 피상속인의 재산가액에서 유증의 가액을 공제한 액을 넘지 못한다.
④ 제2항의 규정에 의한 청구는 제1013조 제2항의 규정에 의한 청구가 있을 경우 또는 제1014조에 규정하는 경우에 할 수 있다.

세상에 남기는
마지막 말, 유언

13

유언 법정주의

법적으로 유언은 망자의 재산을 사후에 어떻게 처리할 것인지에 대한 내용과 살아 있는 동안 정리하지 못한 신분 관계에 관한 내용을 가리킨다. 형제간에 우애 있게 지내라는 '덕담'은 어차피 법률로 강제할 수 없다. 유언의 가장 큰 특징은 남겨진 말 그대로 지킬 수밖에 없다는 것이다. 다른 뜻, 빠진 내용은 없는지 망자에게 확인하는 일은 불가능하다. 그런 까닭에 법은 유언장을 다른 어느 문서보다도 정확하게 적도록 요구하고 있다. 법이 정한 요건을 충족시키지 못하면, 세상에 남긴 마지막 말은 무효가 되어 허공으로 날아가 버린다.

하고 싶은 말은 많아도

변호사 출신의 세계적인 베스트셀러 작가 존 그리샴. 법정 추리소설의 대가로 평가받는 그가 1999년에 발표한 소설《유언장》은 이렇게 시작한다. 인공위성 정도는 장난감으로 치는 억만장자 트로이 필런은 막상 고독한 노인이다. 돈으로 살 수 있는 모든 것을 누렸지만 말년에 그의 곁을 지키는 따뜻함은 남아 있지 않았으니까. 전 부인 세 명과 그들 사이에서 얻은 자식들은 무능했으며, 도박이나 술에 빠진 중독자들이었다. 그들의 머릿속에는 어떻게 하면 트로이의 재산을 한 푼이라도 더 받아낼까 하는 생각뿐이었다.

어느 날 트로이는 자신의 유언장을 공개 검증하기 위해 그들을 모두 한자리에 모은다. 사후에 분쟁을 없애겠다는 명분으로 살아 있을 때 미리 내용을 확인하도록 한 것이다. 트로이는 먼저 의사, 심리학자, 변호사로 하여금 자신의 정신 상태를 감정하도록 한다. 제정신으로 쓴 유언장이 맞으니 그 효력을 다투지 말라는 것이었다. 그 모든 과정은 비디오카메라로 녹화했다. 공개된 유언장에 의하면 저마다 두둑이 한몫씩 차지할 수 있다는 사실을 확인한 예비 상속인들은 만족해하며 돌아선다. 그러나 그들이 건물을 빠져나갈 무렵 누구도 예상 못했던 일이 벌어진다. 계속 돌아가고 있는 카메라 앞에서 트로이는 선언한다. 조금 전 공개했던 유언장은 없던 일로 하겠노라고. 자신이 제정신인 사실은 전문가들이 검증했으므로 이의를 제기하지 말라면서 그는 카메라 앞에 새로운 유언장을 제시한다. 오지에서 자원봉사 활동을 하고 있는 사생아에게 모든 재산을 남긴다는 내용이었다. 그리고 창밖으로 몸을 던져 세상을 떠난다. 소설은 그렇게 시작해 법정 다툼으로 이어진다.

　미국을 배경으로 한 작품이지만 유언에 관해 기억하기 좋은 소재들이 담겨 있다. 우선 법적인 의미에서 유언은 사망 이후 일정한 법률관계에 대한 것이다. 일반적으로 돈 문제, 재산에 관한 것을 가리킨다. 자식들에게 혹은 제3자인 누구에게 무엇인가를 남기겠노라는 의사를 밝히는 것이다. 그 밖에 트로이처럼 숨겨진 자식이 있다는 사실을 털어놓는 인지, 거꾸로 자녀로 알려져 있지만 사실은 자신의 핏줄이 아니라는 친생부인 등이 가능하다. 형제간에 우애 있게 지내라는 말씀은 법이 인정하는 유언은 아니다.

　유언은 일반적인 법률행위와 다르게 미성년자라도 17세부터 할 수 있다. 고령이나 그 밖의 이유로 심신이 불안정하다면, 유언을 남기는 시점에 제정신이었다는 사실을 의사가 꼭 확인해주어야 한다. 또한 정확한 내용을 담보하기 위해 자필증서에 의한 방식을 빼고는 반드시 제3자인 증인이 필요하다. 유언은 마지막으로 남기는 말이다. 그러므로 원한다면 사망하기 전까지 몇 번이고 고쳐 말할 수 있도록 해줘야 한다. 전부를 고칠 수도, 일부를 고칠 수도 있고, 그때마다 방식을 다르게 할 수도 있다. 몇 가지 다른 유언이 있다면 가장 마지막에 남긴 것을 기준으로 전체 내용을 결정한다.

예를 들어 A에게는 아파트를, B에게는 적금 통장을 남긴다고 했다. 나중에 B에게는 아무것도 주지 않겠노라는 내용만 있는 유언장을 따로 작성했다면 여전히 A는 아파트를 받을 수 있다. 따로 유언을 남기지는 않았지만 A에게 준다고 유언장에 써놓았던 아파트를 생전에 팔았다면 어떨까? A에 대한 유언 부분을 철회한 것이니 A는 아무것도 받을 수 없다. 아파트를 팔아 받은 돈에 대해 권리를 주장할 수 없다는 것이다. 다만, 정당한 상속자라면 유언이 있느냐와 상관없이 자신의 상속지분에 따른 권리를 행사할 수 있다. 소설 속 트로이 역시 숨겨진 자식에게 모든 재산을 남겼지만, 다른 상속인들이 그 뜻을 온전히 받들지는 않았다.

법이 마련한 다섯 가지 방식

유언을 남기는 방식 다섯 가지는 법으로 자세하게 정해져 있다. 반드시 그 각각의 방식이 정해놓은 그대로 따라야 하고, 그러지 않으면 무효이다. 설령 그 내용이 정말로 망자의 진정한 뜻이라고 할지라도 말이다(대법원 2007. 10. 25. 2007다51550).

유언의 첫 번째 방식이다. 자신의 손으로 써서 남길 수 있다. 간단해 보이고 증인도 필요 없어 선호하기 쉽다. 반면에 필요한 요소를 놓치기 쉬우니 주의해야 한다. 정확하게 해당 법조문을 그대로 옮기자면 "유언자가 그 전문과 연월일, 주소, 성명을 자서하고 날인하여야" 한다(민법 제1066조 제1항). 날인만 빼고 죄다 직접 써야 한다는 것이다. 특히 유언의 내용은 전문, 그러니까 처음부터 끝까지 모조리 해당한다. 다른 사람에게 쓰도록 하거나, 컴퓨터를 사용해 작성한 다음 프린트해서는 안 된다. 법원은 손으로 쓴 유언장을 전자복사기로 복사한 것도 무효라고 봤다(대법원 1998. 6. 12. 97다38510).

연월일은 언제 작성한 것인지 명확하게 밝히기 위한 것이기 때문에 연과 월을 썼더라도 일이 없으면 무효이다(대법원 2009. 5. 14. 2009다

유언장 작성 시 주의할 점

본인이 직접 작성
(대필 안 됨, 워드프로세서 안 됨)

① 전문(내용)
② 작성 연월일
③ 주소
④ 이름
⑤ 날인

유언장

① 전문(내용)

나 홍길동은 내 재산 전부를 아들 홍치동에게 상속한다.

② 작성 연월일   20XX년 X월 X일
③ 주소 서울시 종로구 청계천로 1가
④ 이름 ⑤ 날인   홍길동 [인]

9768). 여러 번 작성했다면 어느 것을 최우선으로 할지 정하는 기준이 되기 때문이다. '어느 좋은 봄날' 같은 감상을 법은 몰라준다. 다만, '고희 날', '손자가 태어난 날' 하는 식으로 날짜를 정확하게 알 수 있다면 괜찮다.

주소와 성명도 꼭 직접 써야 하는 요건이다. '서울 사는 김 서방'이라고만 하면 누구인지 어떻게 알 것인가. 망자에게 물어 확인할 방법도 없다. 만약 그렇게 써놓고 살던 집을 상속재산이라고 한다면 물려줄 재산이 뭔지조차 정확하지 않은 셈이다. 반면에 도장을 손으로 쓸 수는 없으니 날인은 자서의 대상이 아니다. 값싼 목도장이나 지장을 찍어도 되지만, 역시 빠지면 무효이다(대법원 1998. 6. 12. 97다38510).

/ 녹음 /

두 번째 방식이다. 최근 누구나 스마트폰을 쓰는 만큼 영상으로 유언을 남기는 경우도 늘어나고 있다. 법을 만들던 시절엔 없던 일이지만 목소리가 녹음되므로 법이 정한 방식으로 인정한다. 유언의 내용과 이름, 연월일을 직접 말해야 한다. 딱히 제한은 없으니까 영어 같은 외국어로 말해도 괜찮다. 다만, 꼭 증인이 함께 있어야 한다. 마지막에 정확한 유언의 취지가 무엇인지와 증인의 이름을 증인의 목소리로 덧붙여 녹음해야 한다.

/ 공정증서 /

변호사 사무실이 많이 모여 있는 곳에 가면 '공증'이라고 써놓은 간판을 쉽게 볼 수 있다. 국가가 자격을 인정해준 변호사(공증인)가 문서의 내용을 공식적으로 증명해준다는 것이다. 증인 두 명이 참여하는 가운데 유언의 내용을 유언자가 불러주면 공증인이 받아 적어 문서로 만든다. 그 내용이 정확한지 유언자와 증인에게 확인해준 다음 기명날인하면 된다.

다섯 가지 방식 중 아무래도 가장 안전한 방법이다. 꼭 들어가야 할 내용을 갖춘 표준서식이 준비되어 있고, 법적 효력도 그 자체로 인정받기 때문이다. 물려줄 재산이 많지 않은 한 몇만 원 정도면 작성이 가능하다. 불확실한 내용 때문에 유언이 무효가 되거나 자손들끼리 싸움이 나는 일을 막을 수 있다고 생각하면 큰돈은 아닐 것이다.

그런데 공증 또한 종종 문제가 되기는 한다. 유언을 공증인이 받아쓰는 방식이기 때문이다. 소설 속 트로이 필런처럼 엉뚱한 계획은 안 되겠지만, 아무 준비 없이 갑작스러운 건강 악화로 쓰러지기라도 하면 마음이 급해질 수 있다. 공증인을 병원으로 불러 유언을 남기려 해본다. 하지만 이미 의식이 희미해지고 제대로 말을 하기도 어렵다. 곁에서 무슨 말을 하면 간신히 고개를 끄덕이는 정도이다. 답답한 상황이라 공증인이 나서서 이러저러한 내용으로 유언을 남기고 싶냐고 묻는다. 고개를 끄덕이면 그 내용으로 유언장을 써서 다시 읽어주고 확인을 한다. 효력이 있을까? 없다.

유언자가 직접 내용을 말로 하는 것이 아니라, 다른 사람이 먼저 쓴 다음 유언자에게 질문하고, 고개를 끄덕이는 동작이나 "응" 같은 간략한 답변으로 대신하는 방법은 원칙적으로 무효이다(대법원 1996. 4. 23. 95다34514). 상속인 중 한두 사람이 공증인과 짜고 자신들에게 유리한 내용으로 유언장을 꾸밀 가능성이 있기 때문이다. 다만, 비슷한 과정처럼 보이지만 유언자에게 분명한 의식이 있었고, 자기 뜻에 따라 정확하게 유언장이 작성됐다는 사실을 확인할 수 있다면 효력을 인정받을 수도 있다(대법원 2007. 10. 25. 2007다51550). 구체적인 상황에 따라 달라진다는 것이다. 아무래도 미리 준비하는 것이 안전할 것이다.

/ 비밀증서 /

미리 유언장을 쓰기는 하되 그 내용을 알리고 싶지 않을 때 취할 수 있는 방식이다. 유언장을 작성한 다음 봉투에 넣어 꼭꼭 잠근다. 내용 전체를 손으로 쓰지 않아도 되지만 누구의 유언인지 이름은 꼭 들어가야 한다. 컴퓨터로 출력해도 상관없다. 대신 봉투에 연월일을 쓴 다음 두 명의 증인에게 유언장이 들어 있다는 사실을 알리고 유언자, 증인들이 겉에 각자 서명, 날인한다. 적힌 날짜에서부터 5일 이내에 공증사무소나 가정법원에 가서 확정일자를 받아야 한다.

/ 구수증서 /

유언자가 말로 하면 두 사람 이상의 증인 중 한 사람이 받아써서 유언장을 작성하는 방식이다. 받아쓰는 사람은 내용이 정확한지 유언자에게 읽어주고, 유언자와 증인이 각자 서명, 날인해야 한다. 갑작스러운 질병이나 사고로 조난을 당해 앞선 네 가지 방식을 선택할 수 없을 때만 예비적으로 허용하는 방법이다. 급한 사정이 없어진 날에서부터 7일 이내에 반드시 법원에 가져가서 검인을 받아야 한다. 질병 때문에 구수증서를 작성한 것이라면 당일부터 7일이 시작한다고 보니 주의해야 한다(대법원 1989. 12. 13. 자89스11). 환자가 못 움직이지, 주변 사람들이 급박한 사정에 놓인 것은 아니기 때문이다.

유언으로 남길 수 있는 것들

그런데 누가 상속받을지, 얼마만큼 받는지 법으로 다 정해놓았는데 굳이 유언을 남길 필요가 있을까? 유언자의 입장에서는 꼭 상속분대로가 아니라 조금씩 차별을 주고 싶을 수 있다. 상속분은 지키더라도 큰딸에게는 운영하던 매장을, 작은아들에게는 사업자금으로 목돈을, 아내에게는 살던 집을 주고 싶을 수도 있다. 또는 상속인이 아닌 다른 누군가에게 전하고 싶은 물건이 있을 수도 있다. 이를테면 화가가 지인들에게 분신과도 같은 작품들을 나눠준다거나 하는 것도 가능하다.

누군가에게 아무런 대가를 받지 않고 재산을 주고, 그 상대방이 받겠다고 수락하면 이를 '증여'라고 한다. 실제로 이행되는 과정이 필요한 만큼 일종의 계약이다. 유언에 의한 증여를 생전 증여와 구별하기 위해 '유증'이라고 부른다. 상속재산의 전부 또는 일정 비율에 따른 포괄적 유증과 집이나 자동차처럼 콕 짚어 구체적인 재산에 대한 특정유증으로 나눌 수 있다.

포괄적 유증은 상속재산을 지분으로 받는 것이다. 사실상 상속인 중 한 명이 되는 셈이다. 그렇기에 유언을 남긴 사람이 사망하는 것과 동시에 남긴 재산에 대해 법적인 권리를 갖는다. 집 한 채의 3분의 1을 받았다면 이전 등기를 하기 전이라도 3분의 1은 이미 그 사람의 것이다(대법원 2003. 5. 27. 2000다73445). 물론 관리비처럼 그에 따른 의무도 자연스레 함께 져야 한다. 유증을 받은 다른 사람 혹은 상속인들과 공유관계에 놓인다. 유증을 빨리 받기 위해 유언자를 해치거나 하면 그 자격을 박탈해버리는 것 역시 상속에서와 같다.

몇 가지 차이가 있기는 하다. 유언을 남긴 사람보다 먼저 사망하면 유증을 받을 수 없다. 당연한 말처럼 들리지만 대습상속처럼 그 사람의 상속인이 대신 이어받을 수 없다는 뜻이다. 오랜 세월 함께 살았을 상속인들 사이에서의 이해관계를 조절하기 위한 기여분, 특별수익 따위도 따질 이유가 없다. 한편, 친족 관계에 한정하지 않고 법적으로만 권리능력이 주어지는 법인에 유증할 수도 있다. 이를테면 공익재단에 장학금으로 재산을 물려주는 방법으로 사회에 기여할 수 있는 것이다.

특정유증은 상속재산 중 개수나 종류를 정해 받도록 했다. 그러니까 유언자의 것이 아니었던 재산이라면 원칙적으로 유증 자체의 효력이 없다. 다만, 망자의 뜻이 그 재산을 구해서 넘겨주도록 하는 것까지면 상속인이 이를 지켜야 한다. 회장님이 자신의 운전기사였던 사람에게 승용차 한 대를 사주도록 자녀들에게 유언을 남겼다면 말이다.

설령 상속재산 중에 포함된 것일지라도 특정유증은 유언자의 사망만으로 그 재산에 대한 권리를 곧장 얻는 것은 아니다. 상속인에게 유언자의 유언을 지키라고 요구할 권리를 얻는 것이다. 집을 받았더라도 직접 등기를 할 수는 없고, 일단 상속인이 상속받은 다음 다시 상속인에게서 이전등기를 해야 한다(대법원 2003. 5. 27. 2000다73445).

그런데 유증 역시 증여의 일종이기에 주는 쪽이 대가를 받지 않는다는 뜻은 재산적인 대가에 대한 것이다. 다른 일정한 제한을 둘 수 있기는 하다. 자동차를 사주겠지만 정년퇴직 이후라는 식으로 조건이나 기한, 일정한 부담을 유증에 붙일 수 있다. 물론 이 역시 법적인 의무여야 하지, "착하게 살라"라는 식의 교훈은 아예 없는 부담이나 마찬가지이다.

망자의 뜻대로 이뤄지도록

다섯 가지 엄격한 방식으로만 유언을 남기도록 한 이유는 가능한 망인의 뜻을 정확하게 반영하게 하기 위함이다. 그런데 그 뜻대로 실제 이뤄지는가는 별개의 문제이다. 상속인 중 한 사람이 가장 먼저 유언장을 발견했다고 치자. 읽어보니 자신에게 불리하기 짝이 없는 내용이다. 확 찢어버리고 싶은 유혹을 느끼지 않겠는가? 아예 아무 유언이 없으면 최소한 법정 상속분이라도 받을 수 있으니까.

이런 일을 막기 위해 법은 유언장이나 녹음 파일을 발견한 사람은 반드시 법원에서 열어보고 확인 도장을 받으라고 한다. 다만, 공정증서는 애초에 공증인이 작성해 공증사무소에서 보관하고 있으므로 유언 그대로일 것이 확실하니 도장을 받을 필요가 없다. 구수증서 역시 급한 사정이 없어진 이후 7일 이내에 법원의 검인을 받도록 하고 있으므로 다시 법원에 가지 않아도 된다.

물론 법원의 도장이 있어야 유언장의 효력을 인정받는 것은 아니다. 유언 자체는 유언자가 사망하는 것과 동시에 효력이 생기는 것이지, 꼭 법원에서 열어봐야 하는 것은 아니다(대법원 1998. 6. 12. 97다38510).

그런데도 법으로 절차를 정해놓은 이유는 상속인들끼리 유언장의 진실 여부를 두고 싸움이 벌어질 가능성이 있을 때를 대비한 것이다. 누군가 없애버릴 수도 있고, 위조나 변조됐다며 그 내용을 다툴 수도 있지 않은가. 그럴 일이 없다면 내용대로 따르면 된다.

이처럼 유언은 남기는 일뿐만 아니라 그대로 집행이 되느냐 역시 중요한 문제이다. 그걸 확실하게 담보하기 위해 유언집행자를 따로 둘 수 있다. 간단한 내용이면 상속인 중 누군가 처리하면 그만이지만, 이해관계가 복잡할 수 있다. 이를테면 새로운 상속인을 만드는 인지, 상속인인 줄 알고 있던 사람을 물러나게 만드는 친생부인에는 유언집행자가 꼭 필요하다.

누구를 유언집행자로 할지, 혹은 누구에게 유언집행자를 고르도록 할지 역시 유언으로 남길 수 있는 사항이다. 따로 없으면 상속인이 나설 수 있고, 앞서 인지나 친생부인의 예처럼 이해관계가 얽힐 때는 법원이 정해줄 수도 있다. 유언집행자는 상속분에 따른 분배를 위해 우선 망자가 남긴 재산목록을 만들거나 필요한 소송이 있을 때 대신 진행할 수도 있다.

유언집행에 필요한 경비는 상속재산에서 충당하면 되고, 일정한 보수를 지급받을 수도 있다. 유언집행자는 누가 맡을 수 있을까? 파산했거나 하지 않는 한 딱히 유언집행자의 자격이 따로 정해진 것은 아니다. 다만, 재산이 많은데 분배 과정이 복잡한 상황, 상속인들 사이의 분쟁이 예상되는 상황이라면 아무래도 변호사 등 전문가를 필요로 할 것이다. 이래저래 유언이라도 가능한 명확하게 남겨야 떠난 뒷자리가 복잡해지지 않는다.

법률 BOX

민법 제1060조(유언의 요식성)

유언은 본법의 정한 방식에 의하지 아니하면 효력이 생하지 아니한다.

제1065조(유언의 보통방식)

유언의 방식은 자필증서, 녹음, 공정증서, 비밀증서와 구수증서의 5종으로 한다.

제1066조(자필증서에 의한 유언)

① 자필증서에 의한 유언은 유언자가 그 전문과 연월일, 주소, 성명을 자서하고 날인하여야 한다.

② 전항의 증서에 문자의 삽입, 삭제 또는 변경을 함에는 유언자가 이를 자서하고 날인하여야 한다.

제1073조(유언의 효력 발생 시기)

① 유언은 유언자가 사망한 때로부터 그 효력이 생긴다.

망자의 뜻을
거스르는 법

14

유류분 반환청구권

상속은 망자의 재산관계를 통째로 이어받기 때문에 빚도 포함된다. 상속재산을 두고 형제자매끼리 싸우는 것은 어쩌면 배부른 고민일지 모른다. 물려받은 것이라고는 빚밖에 없을 때 어떻게 해야 할까? 법에서는 '단순승인', '한정승인' 그리고 '포기'라는 세 가지 길을 마련해두었다.

유산과 빚, 상속 승인과 포기

어릴 적 읽었던 동화에서는 평범한 줄 알았던 아이, 아니, 고아로 어렵사리 눈칫밥 먹으며 살았던 아이가 알고 보니 막대한 유산의 상속자였다는 해피엔딩이 종종 있었다. 그 유명한 해리 포터 역시 돌아가신 부모님이 도깨비가 관리하는 금고에 금화를 잔뜩 남겨놓지 않았나. 그런 꿈같은 이야기가 계속 써진다는 것은 역설적으로 그런 꿈이라도 꾸어야 버틸 수 있을 만큼 어려운 환경을 겪는 사람이 많다는 반증 아니겠는가.

상속재산을 두고 형제자매 사이에 다툼을 벌이는 것도 경제적으로 어려운 사람들에게는 행복한 고민으로 비칠 수 있다. 상속은 망자의 재산관계를 통째로 이어받는 것이기 때문에 빚도 포함하는 것이라고 했는데, 유산은커녕 물려받은 것이라고는 빚밖에 없을 때는 어떻게 해야 할까?

한편, 부모 자식 사이라 하더라도 재산 상황까지 소상하게 알기는 어렵다. 부동산과 동산을 합해 재산이 얼마인데 빚은 얼마이니 정산하면 어느 정도 남거나 부족하다고, 이렇게 딱 떨어지게 계산되지 않는 경우도 많다. 자식들을 키우고 가르치느라 혹은 자식에게 손 내밀기 싫어 경제적으로 힘겹게 사셨다는 것을 떠나신 후에야 알기도 한다. 망자의 금융 재산과 채무가 얼마였는지 알아볼 수 있는 상속인 금융거래 통합 조회 서비스를 이용하는 숫자가 해마다 늘고 있다는 사실에 비춰봐도 그 점을 알 수 있다(2017년 기준 16만 5,000여 건). 유산의 내용이 명확해질 때까지 어떻게 해야 할지 결정하기가 결코 쉽지 않다.

그나마 금융거래 내역이야 쉽게 알아볼 수 있기라도 하지, 개인적인 돈거래가 있었다면 상속인은 뜻밖의 어려움을 겪을 수도 있다. 어느 날 갑자기 돈을 내놓으라는 소장이 날아든다. 깜짝 놀라 읽어보니 아버지에게 돈을 빌려줬던 사람이 보낸 것이다. 알고 보니 아버지 생전에 이미 소송을 걸었고, 2년 전 갑작스레 돌아가셨다는 사실을 모르는 바람에 재판이 지지부진했는데, 수소문 끝에 아버지가 사망한 사실을 알아내고는 소송 대상을 아들인 상속인으로 바꾼 것이었다. 아무래도 아버지가 갚았어야 할 돈이 분명했다. 이처럼 뒤늦게 빚을 물려받은 사실을 알게 됐다면 어찌해야 좋을까?

유언으로 자신의 재산을 정리할 권리가 있는 것처럼, 상속인에게도 이를 받을 것인지 말 것인지 선택할 권리가 있다. 이를 위해 법은 단순 승인, 한정승인, 포기라는 세 가지 길을 마련해두었다. 이는 망자의 사망으로 상속인이 되어야 비로소 발생하는 권리로서, 상속인이 자유롭게 행사할 수 있다. 그렇기에 미리 포기하는 것을 허용하지 않는다. 앞서 살펴본 것처럼 혼외자가 미리 어느 정도 재산을 받으면서 상속인으로 나서지 않겠노라 약속하더라도, 망자의 사후에 그 약속을 지킬 필요가 없다는 것이다(대법원 1998. 7. 24. 98다9021).

어느 쪽을 택할지에 대해 상속인에게 3개월의 시간이 주어진다. 이는 상속이 시작됐다는, 단순히 말해 사망 사실을 알았을 때부터 계산하는 기간으로, 상속재산이나 채무가 있다는 사실까지 알아야 하는 것은 아니다(대법원 1991. 6. 11. 91스1). 장례를 치르고 이런저런 뒷정리까지 하노라면 결코 긴 시간이 아니다. 그리고 승인이나 포기를 할 때까지는 마치 자기 재산인 것처럼 상속재산을 '관리'해야 한다. 단, 그만큼 주의하라는 것이지, 마음대로 쓰라는 뜻이 아니니 혼동하면 안 된다. 자기 것인 양 '처분'하면 단순승인을 한 것으로 보기 때문이다.

단순승인은 상속재산 전체에 대한 권리와 의무를 상속분에 따라 고스란히 받겠다는 것이다. 물려받은 그대로 쓰기 시작하면 그때부터 자신의 권리와 의무가 된다. 한정승인이나 포기를 할 때처럼 가정법원에 신고해야 하는 것도 아니다. 이와 관련해 주의할 것이 있다. 한정승인이나 포기는 신고만으로 효력이 나타나는 것이 아니고, 가정법원의 심판을 기다려야 한다. 신고만 한 다음 상속재산을 써버리면 단순승인한 것으로 정해진다(대법원 2016. 12. 29. 2013다73520). 신고가 받아들여진 다음 상속재산을 감추거나 몰래 쓰다 걸리면 역시 단순승인한 것으로 바뀐다. 아무것도 하지 않은 채 3개월이 흘러도 단순승인으로 본다.

포기는 권리와 의무 모두 물려받지 않겠노라는 것이다. 어떤 조건이나 기한을 붙일 수도 없다. 짐작하겠지만 빚만 잔뜩 물려받았을 때 선택해야 할 길이다. 망자의 채권자로서는 꿔준 돈을 받을 길이 없어질 수도 있다. 주의할 점은 포기를 선택하면 처음부터 그 사람은 상속인이 아니었던 것으로 본다는 것이다. 그러므로 같은 순위의 다른 상속인이 있다면 그 사람의 상속분이 늘어난다. 또한 포기한 사람보다 낮은 순위의 상속인이 있었다면 그 사람이 상속을 받게 된다. 즉, 할아버지가 빚을 남기고 돌아가셨는데 아버지만 상속을 포기하면 그 손자녀들이 빚을 물려받는다(대법원 2015. 5. 14. 2013다48852).

그러니 3개월 이내에 상속인의 범위에 들어 있는 '모든 사람이' 가정법원에 포기 신고를 해야 확실하다. 문제는 법이 이렇다는 사실을 모든 사람이 알기 어렵다는 데 있다. 법을 잘 몰랐다는 이유로 어린 손자녀들이 할아버지의 빚을 짊어지는 건 가혹하지 않은가. 다행히 법원은 이럴 때 승인할지 포기할지 정하는 3개월의 기간을 융통성 있게 해석해주고 있다. 망자가 사망했다는 사실을 알았을 때가 아니라, 부모의 상속 포기로 손자녀가 상속인이 됐다는 사실을 알았을 때부터 그 기간을 계산해준다(대법원 2005. 7. 22. 2003다43681). 필요하다면 이때 얼른 상속 포기 신고를 하면 된다.

받아야 할지, 말아야 할지

단순승인이냐 포기냐는 흔한 말로 "모 아니면 도"인 셈이다. 그런데 어정쩡한 경우가 있다. 상속재산을 평가하는 것은 망자가 사망했을 때를 기준으로 한다. 빚이 꽤 많지만 땅도 꽤 많이 남기셨다. 게다가 아무래도 조만간 그 지역 땅값이 크게 오를 것 같다. 그대로 포기하자니 아까울 것이다. 또는 조그만 공장을 남기고 떠나셨는데, 당장은 부채가 더 많다. 하지만 새로운 거래처를 뚫어놓은 덕에 물려받아 운영만 하면 꽤 성공할 것 같다. 이런 상황이라면 갈등하지 않을 수 없을 것이다. 그럴 때 한정승인이라는 타협점이 있다.

한정승인은 망자가 남긴 빚을, 망자의 재산 한도에서만 갚겠다는 것이다. 5억 원짜리 집을 물려받았는데 빚은 6억 원이다. 한정승인을 하면 설령 상속인에게 다른 재산이 있다 할지라도 5억 원을 넘겨 갚을 필요가 없다. 보증을 선 것도 아닌데, 상속을 받았다는 이유로 뜻밖의 피해를 보지 않아도 되는 것이다. 망자의 채권자는 어차피 망자의 재산을 보고 돈을 꿔줬을 것이기에 특별히 손해를 보는 것도 아니다.

이런 효용은 특별한정승인에서 도드라진다. 앞선 사례에서 아버지에게 소송이 걸려 있었던 걸 몰랐던 상속인처럼, 빚이 있다는 사실을 모르고 단순승인을 할 수도 있다. 아무 생각 없이 삼년상을 마쳤는데 느닷없이 빚쟁이가 나타나는 것이다. 그럴 때 중대한 과실이 없다면 다시 3개월의 기간 이내에 한정승인으로 바꿀 수 있도록 해준 것이 특별한정승인이다. 여기서 중대한 과실이란 상속인이 조금만 주의를 기울였다면 빚이 더 많다는 사실을 알 수 있었는데도 그런 노력을 게을리하는 바람에 알지 못했다는 것이다(대법원 2010. 6. 10. 2010다7904). 중대한 과실이 있으면 단순승인이 유지되고 꼼짝없이 망자가 남긴 빚을 갚아야 한다. 그러니까 앞서 소개한 상속인 금융거래 통합조회 서비스 정도는 이용해두는 것이 안전하다.

한정승인은 망자의 재산과 상속인의 재산을 분리해서 관리할 수 있게 해준다. 그런데 상속은 특별한 절차 없이 망자의 사망과 동시에 자동으로 이루어진다고 하지 않았던가. 이미 '내 재산'인데 여전히 '그분의 재산'인 것처럼 다루는 것이기 때문에 법원에 신고하고 허락을 받는 절차가 필요하다. 이럴 때 3개월 이내에 상속받은 재산의 목록을 모두 정리하고 첨부해서 신고해야 한다. 특별한정승인을 했을 때는 이미 망자의 재산 일부를 써버렸을 수도 있다. 원래는 단순승인을 하려고 했을 것이기 때문이다. 그렇다면 써버린 재산의 목록과 함께 그 가격까지 적어야 한다.

한편, 망자의 채권자 입장에서는 상속재산을 관리하는 사람이 바뀐 것이 불안할 수 있다. 상속인으로서도 빚이 주렁주렁 달려 있는 재산이 불편할 수 있다. 그래서 원칙적으로 한정승인을 하면 청산 절차, 흔히 하는 말로 '빚잔치'를 해서 정리할 기회를 준다. 망자의 사망 사실을 알리고 받을 돈이 있으면 알려달라고 하는 것이다. 2개월 이상의 기간을 주는 대신 기간 안에 채권자가 나서지 않으면 빼놓고 재산 정리에 들어갈 수 있다는 경고도 해야 한다. 물론 망자가 누구에게 얼마의 빚이 있는지 뻔히 알고 있다면 청산에서 뺄 수 없다.

그런데 이 과정이 다소 복잡할 수 있다. 현금은 없는데 부동산은 당장 팔리지 않아 애를 먹거나, 여러 명의 채권자가 서로 자기가 먼저라며 다투는 등 깔끔하게 정리되지 않을 수도 있기 때문이다. 이럴 경우 한정승인과 함께 '상속재산 파산제도'를 이용하는 것도 방법이다. 회생법원에 신청하면 법원이 선임한 파산관재인이 알아서 정리해준다.

절반이라도 받을 수 있도록

많든 적든 상속재산은 원래 내 것이 아니었다. 물려받은 것이 없더라도 대개는 망자를 탓할 수 없다. 하지만 평생 뒷바라지했던 배우자에게 한 푼도 돌아가지 않도록 했다면? 생전에도 다른 형제자매만 편애하며 교육받을 기회조차 제대로 주지 않았는데 유산마저 차별했다면? 말년에 뭔가 미심쩍은 단체에 빠져 재산을 몽땅 그쪽에 주도록 했다면? 이런 극단적인 경우라면 상속인의 사정도 살펴줘야 하지 않겠는가. 그 때문에 생계가 곤란하다면 더더욱 말이다.

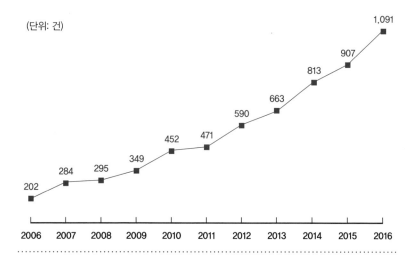

2006~2016년 유류분 소송 추이 〈출처: 대법원〉

이런 집안이 있다. 아들만 앞세우는 낡은 사고방식을 고집하던 아버지 아래 1남 2녀가 있었다. 아버지는 아들이 장성해 결혼할 무렵 집과 차를 마련해주고, 사업자금도 한몫 떼주었다. 돈으로 따지면 15억 원가량에 해당했다. 딸들은 어리기도 했을 뿐더러 워낙 아버지의 성향을 잘 알았기에 그러려니 할 수밖에 없었다. 그런데 몇 년 후 아버지가 갑작스레 세상을 등졌다. 장례 절차를 마치고 상속재산을 계산해보니 6억 원가량이었고, 아버지가 따로 남긴 유언은 없었다. 오빠는 인심이라도 쓰듯 2억 원씩 공평하게 나눠 갖자고 했다. 직장 생활을 갓 시작한 언니와 아직 대학에 다니는 동생은 야속하기는 했지만 어쩔 수 없나 보다 생각했다. 둘이 합쳐 4억 원이면 적은 돈은 아니지만, 살아갈 집 마련부터 동생의 학자금, 생계비를 따지면 여유롭지도 않았다. 게다가 언제까지 둘이 함께할 수도 없는 노릇 아닌가.

이런 불공정한 상황을 막기 위해 마련해놓은 제도가 '유류분권'이다. 상속인이 여럿 있을 때 상속재산의 일정한 비율만큼은 물려받을 수 있는 권리이다. 비록 그것이 망자의 뜻에 어긋나더라도 말이다. 더 정확하게는 망자는 자유롭게 자신의 재산을 처분할 권리를 가지지만, 유류분권을 가진 상속인은 일단 나눠진 재산이라 하더라도 넘치게 받은 사람에게서 되찾아올 수가 있는 것이다.

결론을 먼저 밝히고 어떻게 그것이 가능한지를 하나씩 풀어보자. 위 사례에서 아버지가 물려준 상속재산은 21억 원으로 본다. 아들이 먼저 받은 15억 원에 사망 이후 남아 있는 6억 원을 합한 금액이다. 따로 유언이 없었던 만큼 삼남매는 각각 7억 원씩을 상속분에 따라 받을 수 있었다. 자식들은 상속분의 절반만큼 유류분을 가지므로 삼남매는 각각

3억 5,000만 원씩을 가질 수 있다.

그런데 오빠는 상속분인 7억 원을 넘어서는 금액을 이미 아버지 생전에 받았으므로 상속분을 주장할 수 없다. 딸들만 남은 6억 원을 나누어 가질 수 있는데, 그래도 5,000만 원씩이 부족하다. 그렇다면 넘치게 받은 오빠에게 유류분권을 행사해 각각 5,000만 원씩을 받아낼 수 있다. 물론 오빠는 여전히 14억 원을 받은 셈이므로 억울하다고 할 수 없을 것이다.

상속자들, 최후의 권리 '유류분'

어떻게 위와 같은 계산이 나올 수 있는지 유류분권에 대해 하나씩 짚어보자. 유류분은 망자 스스로 자신의 재산을 처분할 수 있는 권리와 상속인의 이익이 충돌할 때 최소한의 타협점으로 마련한 것이다. 법정 상속 순위에서 4촌 이내의 혈족을 제외한 상속인들에게만 인정된다. 배우자와 자녀(손자녀)는 상속분의 2분의 1, 부모(조부모)와 형제자매는 상속분의 3분의 1에 대해 가진다. 상속을 전제로 하고 있으므로 상속 자격을 박탈당한 사람이나 포기한 사람은 뺀다.

유류분이 얼마인지 따질 때는 일반적인 상속에서와 달리 '남는 것이 있을 때만' 계산한다. 10억 원짜리 건물을 남겼는데 빚이 5억 원 있다면, 5억 원을 계산의 기초로 삼는 것이다. 그 5억 원을 상속인 각자의 유류분 비율에 맞게 계산해, 많이 받은 다른 상속인이나 유증을 받은 사람에게 부족한 만큼을 달라고 하는 것이다. 일반적인 상속은 건물과 함께 빚을 갚을 책임도 함께 물려받는데 그와는 다르다.

중요한 것은 유류분을 계산할 때 망자가 생전에 누군가에게 줬던 재산 혹은 유언으로 주기로 한 재산의 액수도 포함한다는 것이다. 그러니까 위 사례에서 돌아가시기 얼마 전 누군가에게 1억 원을 줬다면 유류분 계산의 기초는 6억 원이 되는 셈이다. 그러다 보니 자식에게 한 푼도 남겨주지 않기 위해 전 재산을 다른 사람에게 넘겼더라도 여전히 유류분만큼은 되찾아올 수 있게 되었다.

망자가 생명보험을 들었다면 어떨까? 수익자를 따로 정하지 않았으면 상속재산의 일부로 보니까 당연히 유류분 계산의 기초가 된다. 누군가를 콕 집어 보험금을 주도록 했다면? 애초부터 그 사람이 받을 것으로 보기 때문에 일반적인 의미의 상속재산에는 포함하지 않는다. 하지만 유류분을 따질 때는 망자에게서 특별히 받은 것으로, 그러지 않았다면 나눠 가졌을 것으로 본다. 다만, 공무원 연금에 따른 유족급여는 유류분 산정의 기초가 되는 상속재산에 포함되지 않는다고 보았다.

그렇다고 망자 평생의 모든 재산 거래를 따지는 것은 아니다. 사는 동안 내내 자선 단체에 기부활동을 했는데, 그 자손이 일정 부분을 되찾아오겠노라 나서면 곤란하지 않겠는가. 그래서 증여는 상속이 이루어지기 1년 이내에 있었던 금액만 유류분의 기초로 삼는다. 단, 서로 짜고 상속재산에서 빼돌리기 위해 한 것이 분명한 거래는 유류분에 다시 포함하기도 한다.

한편, 상속인 중 누군가가 받은 증여는 1년 전에 있었던 일이라도 여전히 포함한다. 그럴 때는 다른 상속인들보다 특혜를 주기 위해서였던 것인지 아닌지 따지지 않는다. 형제자매 중에 아버지에게서 편애를 받은 사람이 있다면 10년 전이었건 20년 전이었건 여전히 받은 만큼을 유류분 계산에 더하는 것이다. 그러다 보니 이런 문제가 생길 수 있다. 유류분을 따질 때는 전체 재산의 가치를 돈으로 계산한다. 그런데 아버지에게서 큰아들만 10년 전에 땅을 받았다고 치자. 그 땅이 얼마인지 언제를 기준으로 삼을까? 법원은 상속 개시, 아버지가 돌아가셨던 무렵의 시가로 계산하라고 한다(대법원 2005. 6. 23. 2004다51887). 받을 때는 1,000만 원짜리였더라도 상속이 개시된 시점에 1억 원짜리가 되어 있다면, 1억 원을 받은 것으로 한다는 것이다.

만약 받자마자 팔아서 실제로 수중에 한 푼도 남아 있지 않다면? 그래도 여전히 1억 원을 받은 것이다. 다른 형제자매보다 특혜를 입은 것은 사실 아닌가. 대신 땅을 받은 다음 주변에 도로를 만들었다거나 개량을 해서 시가가 오른 것이라면 그 부분만큼은 반영해준다(대법원 2015. 11. 12. 2010다104768).

유류분에 못 미치는 재산을 물려받은 상속인은 공동 상속인 중 그보다 많은 재산을 받은 사람을 상대로 혹은 망자에게서 증여를 받은 사람을 상대로 반환을 요구할 수 있다. 초과해서 받은 사람이 여럿이라면 그 액수에 비례해 반환한다. 예를 들어 1,000만 원이 부족한데, A가 3,000만 원, B가 2,000만 원을 망자에게서 받았다. 그럼 A에게 600만 원을, B에게 400만 원을 달라고 할 수 있는 것이다.

처음부터 끝까지 돈 이야기이다. 사실 유류분에 관한 소송은 가정법원이 아니라 민사법원에서 맡는다. 상속인에 대한 최소한의 보호라고는 하지만 유족 사이의 '돈 싸움'인 셈이니까. 유류분 제도는 지나친 '편

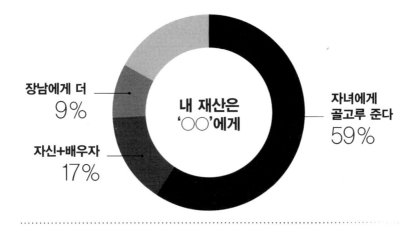

장남에게 더
9%

자신+배우자
17%

내 재산은
'○○'에게

자녀에게
골고루 준다
59%

2017년 노인실태조사 ⟨출처: 보건복지부⟩

애'를 막기 위해 만든 것이지만, 남용되는 경우도 적지 않다. 가산을 탕진하고 수십 년 동안 부모형제와 인연조차 끊고 지내다 상을 치르고 나서야 '내 몫'을 주장하며 나타나는 것이 대표적이다. 그러니 현명한 부모라면 후손들의 평온을 위해서라도 유류분에 대해서 미리 파악하고 뒷자리를 깔끔하게 정리해두는 것이 필요하지 않겠는가. 2017년 보건복지부 조사에 따르면, 노인의 59퍼센트가 자녀에게 재산을 골고루 주겠다고 답했다. 하긴 요즘처럼 합계출산율이 1명을 겨우 넘는 것을 볼 때, 앞으로는 어느 자식에게 재산을 더 주겠다는 고민이 의미 없을지도 모를 일이다.

민법 제1019조(승인, 포기의 기간)

① 상속인은 상속 개시 있음을 안 날로부터 3월 내에 단순승인이나 한정승인 또는 포기를 할 수 있다. 그러나 그 기간은 이해관계인 또는 검사의 청구에 의하여 가정법원이 이를 연장할 수 있다.

② 상속인은 제1항의 승인 또는 포기를 하기 전에 상속재산을 조사할 수 있다.

③ 제1항의 규정에 불구하고 상속인은 상속채무가 상속재산을 초과하는 사실을 중대한 과실 없이 제1항의 기간 내에 알지 못하고 단순승인(제1026조 제1호 및 제2호의 규정에 의하여 단순승인한 것으로 보는 경우를 포함한다)을 한 경우에는 그 사실을 안 날부터 3월 내에 한정승인을 할 수 있다.

제1022조(상속재산의 관리)

상속인은 그 고유재산에 대하는 것과 동일한 주의로 상속재산을 관리하여야 한다. 그러나 단순승인 또는 포기한 때에는 그러하지 아니하다.

제1028조(한정승인의 효과)

상속인은 상속으로 인하여 취득할 재산의 한도에서 피상속인의 채무와 유증을 변제할 것을 조건으로 상속을 승인할 수 있다.

제1113조(유류분의 산정)

① 유류분은 피상속인의 상속 개시 시에 있어서 가진 재산의 가액에 증여재산의 가액을 가산하고 채무의 전액을 공제하여 이를 산정한다.

② 조건부의 권리 또는 존속기간이 불확정한 권리는 가정법원이 선임한 감정인의 평가에 의하여 그 가격을 정한다.

제1114조(산입될 증여)

증여는 상속 개시 전의 1년간에 행한 것에 한하여 제1113조의 규정에 의하여 그 가액을 산정한다. 당사자 쌍방이 유류분 권리자에 손해를 가할 것을 알고 증여를 한 때에는 1년 전에 한 것도 같다.

제1115조(유류분의 보전)

① 유류분 권리자가 피상속인의 제1114조에 규정된 증여 및 유증으로 인하여 그 유류분에 부족이 생긴 때에는 부족한 한도에서 그 재산의 반환을 청구할 수 있다.

② 제1항의 경우에 증여 및 유증을 받은 자가 수인인 때에는 각자가 얻은 유증가액의 비례로 반환하여야 한다.

모던 패밀리

15

달라지는
가족의 형태와
법률의 문제

영화 〈보헤미안 랩소디〉는 영국의 록밴드 퀸의 리드보컬 프레디 머큐리가 성 소수자라서 겪었던 고통을 음악으로 승화시키는 모습을 보여준다. 프레디는 사랑한다고 생각했던 여인과는 가족을 이룰 수 없었고, 결국 사회가 인정해주지 않는 동반자와 여생을 함께했다. 그는 전통적인 가족에 관한 법률과 제도의 바깥에 있었다. 그런 상황은 비단 성 소수자에게만 있는 것은 아니다. 시대의 흐름은 법이 예상하지 못했던 다양한 문제를 낳고 있다. 이혼과 결혼의 반복, 그 과정에서 생기는 가족과 재산관계를 비롯해 동성혼, 황혼 동거, 결혼 아닌 동반자처럼 이제 새로운 형태의 '가족'에 대해 생각해보고자 한다.

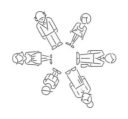

다양해지는 가족의 형태와 재산 문제

〈모던 패밀리〉라는 미국 TV 드라마가 있다. 제목에서 짐작할 수 있듯이 전통적인 가족과는 조금 다른 구성원들이 등장한다. 그러면서도 여느 가족이나 다를 바 없는 일들로 웃고 울며 어울려 살아가는 가족 이야기이다. 아버지는 우리로 치면 건실한 중소기업을 운영하는 성공한 사업가이다. 수영장 딸린 저택에서 딸보다 어린 남미 출신 미인과 살고 있다. 젊은 부인이 전남편 사이에서 낳은 아들과 자신 사이에서 얻은 늦둥이까지 돌보며 새삼스러운 '아빠' 노릇에 한창이다. 전처와의 사이에서 태어난 딸과 아들은 이미 중년이다. 사업의 후계자로 나서는 딸은 세 남매를 키우고 있는데, 큰손녀는 이미 대학생 또래이다. 아들은 변호사인데 성 소수자이다. 동성인 축구 코치와 결혼했고 동양인 여자아이를 입양해 키우고 있다. 구성원 중 어느 한 사람과 다른 누군가의 '족보'를 따지기에 참 복잡한 가족이 아닐 수 없다.

우리보다 다양한 문화를 가진 미국인의 입장에서도 평범하지 않은 소재이기에 드라마로 만들었을 것이다. 꼭 변호사의 눈이 아니더라도 갈등의 요인을 곳곳에서 찾을 수 있다. 그런데 이렇게 극단적인 사례가 아닐 뿐, 다양해진 가족 관계는 꼭 남의 나라 드라마 속의 이야기만은 아니다.

흔히 '100세 시대'라고 부를 만큼 고령화 시대에 들어섰다. 배우자와 이혼했거나 사별해서 몇 번이고 재혼할 수도 있다. 그러다 보면 현재의 상속 체계에서 대단히 복잡한 일이 생길 수 있다. 새로운 결혼으로 배우자 각자가 서로를 상속할뿐더러 각자의 자녀들까지 상속인의 범위에 새롭게 들어갈 수 있으니 말이다.

드라마 속 딸의 입장에서 새어머니를 바라보자. 아버지의 사업체를 물려받아야 하는데 새어머니의 존재가 탐탁지 않을 수 있다. 아버지가 혼자일 때는 자신과 남동생 둘이 절반씩 아버지의 유산을 나눌 수 있었다. 하지만 새어머니가 생겼고 게다가 어리디어린 동생들까지 있다. 그 중 하나는 핏줄로 따지면 아버지 자식조차 아니다. 그런데도 상속분대로 따지면 새어머니와 그 자식들에게 더 많은 재산이 남겨진다. 그나마 배우자 곁을 끝까지 지키지 않고 덜컥 이혼이라도 한다면 거액의 위자료와 양육비를 떼어갈 수 있다는 생각도 하지 않을 수 없다.

돈이란 많으면 많은 대로, 적으면 적은 대로 다툼의 대상이 된다. 드라마에서처럼 아버지가 부자는 아닐지언정 상속과 이혼에 따른 재산 분배 때문에 나이든 부모의 재혼에 반대하는 일은 이미 우리 사회에서도 심심치 않게 벌어지고 있다. 사랑하는 사람과 말년을 보내려는 소박한 바람이 자식들과의 갈등을 불러일으키는 것이다.

해결책의 하나로 혼전 계약서를 들기도 한다. 우리 사회에서는 아직 흔하지 않지만, 미국에서는 재벌이나 할리우드 스타의 결혼에 꼭 빠지지 않는 조건이다. 이혼하더라도 얼마 이상의 재산을 요구할 수 없다고 미리 못 박아놓는 것이다. 혼인 기간이 몇 년인지, 아이를 가졌는지 등에 따라서도 구체적인 액수를 정해놓는다. 상속의 경우도 마찬가지이다. 도널드 트럼프 미국 대통령의 결혼 사례가 대표적이다. 세 번의 결혼과 두 번의 이혼을 거쳤지만 혼전 계약서 덕분에 그의 재산 대부분을 지킬 수 있었다. 현재 부인인 멜라니아 여사와 혼전 계약을 맺는 과정도 지극히 까다로웠다고 한다.

정당한 합의를 할 수 있다면 그럴듯한 해결책으로 보인다. 그런데 우리 법원은 아직 혼전 계약서의 효력을 인정하지 않고 있다. 재산 분할이나 상속은 이혼할 때나 배우자가 사망했을 때 비로소 생기는 권리이기 때문에 미리 정해놓을 수 없다는 것이다. 결혼 생활을 하다 보면 배우자가 어떤 식으로든 재산을 만들고 지키는 데 관여하기 마련인데, 시작도 하기 전에 끝을 정해놓을 수 없다는 입장이다. 하지만 우리도 40대 부부 열 쌍 가운데 약 네 쌍이 이혼하는 시대이니 변화에 따라 법을 바꾸도록 요구해야 할지도 모를 일이다.

배우자 상속의 불균형

그런가 하면 현재의 배우자 상속제도에 문제가 있는 것은 '백년해로'

를 했을 때도 마찬가지라는 지적이 있다. 앞서 망인에게 부모나 자녀가 있으면 생존 배우자는 그들과 공동 상속을 한다고 했다. 다만, 다른 상속인들보다 50퍼센트를 더 받을 수 있다. 우대하는 것은 맞지만 충분한지가 의문이다.

왜냐하면 자녀들과 공동 상속을 하면 자녀가 많을수록 배우자의 몫이 점점 작아지기 때문이다. 그러니까 자녀가 한 명이면 배우자의 상속분은 60퍼센트이지만, 둘이면 약 43퍼센트, 셋이면 약 33퍼센트, 넷이면 약 27퍼센트로 현저하게 줄어들고 만다. 뭔가 부당하게 여겨지지 않는가? 자식 하나 낳아 키우기가 얼마나 힘든지 현실을 생각해보면 말이다. 힘들게 키우면 키웠을수록 배우자로서는 말년까지 힘들어진다는 이야기이다.

애초에 상속재산이 어떻게 만들어진 것인지를 생각하면 더욱 그렇다. 부부가 함께했던 시간이 길수록 재산도 서로 협력해 일군 것으로 봐야 한다. 그래서 이혼 재산 분할의 경우 15년에서 20년 이상 혼인 생활을 했으면 재산의 절반 가까이에 대한 권리를 인정해주지 않던가. 이혼과 상속의 차이를 두는 합당한 이유를 찾기도 어렵다.

고령화에 따른 세상의 변화도 고려해야 한다. 남녀 불문하고 수명이 길어지다 보니 상속이 이뤄지는 시기도 갈수록 늦어져서 남겨진 배우자가 경제활동을 하지 못할 가능성이 높다. 즉, 상속재산이 말년의 유일한 생계 수단일 수 있다. 반면에 자녀들은 40~50대로 이미 독립해서 일가를 이뤘을 나이이다. 누구에게 상속재산이 더 필요하겠는가? 자식이 많으면 그만큼 부양받기 쉬울 것이라는 동화 같은 꿈을 꾸는 사람은 이제 별로 없으리라.

이런 문제를 개선하기 위해 국회에서도 몇 차례 논의가 이뤄진 바 있다. 이를테면 이혼을 전제로 하지 않은 재산 분할을 도입하자는 것이다. 혼인 기간이 일정하게 지난 다음에는 증여 같은 별도의 절차를 거치지 않더라도 부부가 재산을 각각 절반씩 소유하는 것으로 바꿔주자는 것이다. 혹은 지금처럼 다른 상속인들에 비해 50퍼센트만 더 줄 것이 아니라 아예 3분의 2를 먼저 떼서 배우자가 받도록 하자는 법안도 있다. 그걸 넘어서서 부모님의 재산이니 한 분이 먼저 돌아가시더라도 자녀들은 일단 권리가 없게 하자는 법안도 있다. 나머지 한 분이 단독으로 상속했다가 자녀들은 그분에게서 비로소 물려받도록 하자는 것이다.

각각의 법안들이 그럴듯해 보이지만 약점도 있다. 부부끼리의 상속분을 무조건 늘리다 보면 상속재산만 노리는 황혼 결혼이 늘어날 수 있다는 것이 대표적인 반론이다. 하지만 시대에 부합하면서 부작용을 막을 방법까지 포함한 새로운 상속제도가 꼭 필요한 것은 부인할 수 없는 사실이다.

'부부'라는 단어의 뜻은?

'부부간의 의무'라는 제목의 민법 제826조는 제1항에서 "부부는 동거하며 서로 부양하고 협조하여야 한다"라고 규정하고 있다. 표준국어대사전에 따르면 부부는 "남편과 아내를 아울러 이르는 말"이라고 한다. 한글화 작업을 하기 전의 법전에는 '夫婦', 그러니까 남성과 여성을 전제로 한자 표기를 하고 있기도 하다. 그렇다면 위 드라마에서처럼 동성인 남성끼리의 결혼을 우리 법은 어떻게 바라보고 있을까?

2015년 영화감독 김조광수 씨가 소송을 시작하면서 우리 사회에서도 동성 결혼에 대한 논의가 법적으로 다뤄지기 시작했다. 대립하는 쟁점들 몇 가지를 법을 중심으로 한번 살펴보자. 입씨름 끝에 흔히 '법대로' 하자는 말을 내뱉곤 하지만, 뭐든 써진 그대로 쉽게 정해지는 게 법이 아니란 걸 알 수 있다.

우선 민법 제826조의 '부부'라는 단어는 가정의 최소 단위로 과거부터 사용했던 것일 뿐, 꼭 남녀의 성별을 법적으로까지 정해놓았다고 보지 않을 수도 있다. 민법 제807조는 "만 18세가 된 사람은 혼인할 수 있다"라고 해서 성별을 따지지 않고, 민법의 다른 규정에도 동성 결혼을 금지하는 조항은 없다. 남녀의 성에 대한 법적 관점이 달라진 부분도 중요하다. 과거에 성별은 성염색체와 생식기의 차이처럼 타고난 생물학적인 요소에 의해 정해진 것으로 받아들였다. 하지만 이제는 거기에 더해 스스로 인식하는 자신의 성에 대한 정체성과 사회적인 관계까지 종합적으로 고려해 결정할 수 있다고 법원이 인정하고 있다(대법원 2006. 6. 22. 2004스42). 생물학적으로만 남녀를 따지는 것은 근거를 잃고 있다고 해석할 수 있는 대목이다.

동성 결혼을 두고 가장 직접적으로 거론되는 것이 헌법 제36조 제1항에 등장하는 '양성'이라는 말이다. 이 조항을 들어 반대하는 입장에서는 우리 헌법 역시 혼인을 여성과 남성의 결합으로 정했다고 한다. 헌법을 바꾸지 않는 한 인정할 수 없다는 것이다.

반면, 찬성론은 헌법에 그 조항을 만든 취지를 봐야 한다고 주장한다. 과거 가부장적 사회에서 차별받았던 여성을 보호하기 위해 만든 것이지, 동성 결혼을 금지한다는 뜻으로 볼 수 없다는 것이다. 즉, 양성평등을 위한 규정이 동성에 대한 차별의 근거가 된다고 보기 어렵다는 것이다. 헌법은 누구든지 성별, 종교 또는 사회적 신분에 의하여 차별하지 말라고 정했다는 점을 강조한다(헌법 제11조 제1항).

이러니 '법대로' 결론이 나기는 어렵다. 법이란 같은 시대를 살아가는 사람들의 공통된 가치관을 모은 것인데, 타협점을 찾기 어려운 문제에는 지금까지의 법이 무의미해질 수 있기 때문이다. 결국 논쟁은 법 자체를 어떻게 바꾸거나 새로 만들 것인지를 두고 인문·사회·과학적 근거에 따른 다툼으로 확장될 수밖에 없다.

남성과 여성이 결합해 가정이라는 최소 단위의 사회를 만들고, 자녀를 낳고 기르며 사회를 확대하고 유지하기 위한 장치가 결혼이라는 것은 익히 잘 알고 있다. 그런데 앞서 드라마에서처럼 동성 커플 역시 얼마든지 아이를 사랑으로 잘 키울 수 있다고 반박할 수 있을 것이다. 동성 결혼을 허용한다고 인류가 멸종이라도 할 것처럼 확대해석하지 말라면서 말이다. 전 세계 200여 국가 중 2018년 9월 현재까지 동성 결혼을 합법화한 국가는 25개국이다.

'결혼'만이 가족의 형태일까?

동성 결혼에 반대하는 입장이거나 혹은 그렇지 않더라도 이런 질문을 던질 수 있을 것이다. 개인의 성적 사생활은 존중하는데 꼭 결혼이라는 사회적 공인을 받아야 하느냐고 말이다. 이에 대해서도 역시 여러 가지 답변은 가능하다. 그중 지극히 현실적인 이유 하나만 생각해보자.

성 소수자로 수년째 동반자와 공동생활을 해온 사람이 있다. 어느 날 동반자가 병원에서 급하게 수술받을 일이 생겼다고 한다. 사랑하는 사이이고 오랜 기간 함께해왔지만 현행법상 가족은 아니다. 따라서 법적으로 보호자가 아니기에 수술 동의서에 서명할 자격이 주어지지 않는다. 둘 중 한 사람이 먼저 세상을 떠나도 상주로서 장례를 치를 수도 없다. 청와대 국민청원 게시판에 올라왔던 사연이다. 이런 안타까운 경우라면 어떻게 해야 할까?

단순한 불편함을 넘어서 차별이라고도 볼 수 있는 일들은 여기서 그치지 않는다. 이를테면 한국주택공사처럼 토지와 주택 사업을 맡고 있는 공기업들은 혼인한 부부를 대상으로 큰 폭의 세액 공제를 해준다. 아파트 분양을 할 때도 자녀가 있는 부부라면 가산점이 붙는다. 로또만큼 당첨이 어렵다는 분양권 경쟁률을 뚫기 위해 위장 결혼을 할 정도로 강력한 혜택이다. 자동차 한 대를 사도 부부라면 세금이나 보험료에서 각종 감면 혜택을 받을 수 있다. 민법을 비롯한 가족법 체계가 '혼인을 중심'으로 가족을 구성하고 있기 때문이다. 여기에 저출산 문제를 극복하기 위한 정책으로 결혼하는 사람들에게 혜택이 쏠리고 있기도 하다. 그러다 보니 혼인이라는 형식을 갖추지 않는 한 사실상 법률과 제도의 보장을 받기 어렵다. 동성 결혼을 인정받지 못한 성 소수자들만의 문제가 아니라는 것이다. 남녀 동거 커플이 아이를 갖고 싶어 한다면 어떻게 키울 수 있겠는가? 지금으로서는 법적으로 보장받을 길이 사실상 없다.

그럼 결혼하면 될 것 아니냐고? 헌법이 보장하는 자유란 할 수 있는 권리와 하지 않을 수 있는 권리 양방향으로 작동하는 것이다. 혼인의 자유 역시 마찬가지이다. 하기 싫을 수도 있고 할 수 없을 수도 있다. 차별을 정당화하는 명분이 될 수 없다. 여러 통계는 이미 혼자 사는 1인 가구의 숫자가 대한민국 전체 가구의 4분의 1을 넘어섰다고 한다. 1인 가구가 늘어나는 이유는 복합적이다. 무엇보다 젊은 층을 중심으로 결혼은 필수가 아니라 선택이라는 인식이 자리 잡으면서 미혼, 비혼 인구가 크게 늘어나고 있다. 혼인에 따르는 법적·경제적·사회적 책임을 버거워하고, 미래가 불투명하니 나 혼자 자유롭게 사는 게 편하다는 인식이 널리 퍼졌기 때문이다.

두 번째로 고령화 사회를 꼽을 수 있다. 이혼 또는 사별로 혼자된 이후 자녀와 함께 살지 않는 노인 비율이 높아지고 있다. 이성 교제를 하더라도 주변의 시선 때문에, 또 앞서 들었던 상속 문제를 둘러싼 자녀들과의 갈등 때문에 통계상으로는 1인 가구로 잡히는 것이다. 이래저래 빼고 나면 사실 1인 가구에서 성 소수자가 차지하는 비율은 아주 미미하다.

이들이 실제로 혼자 사는 것만은 아니다. 사실혼, 동거, 각자 살면서도 꾸준한 교제를 하는 식의 동반자 관계를 이루는 경우도 많다. 그러니 혼인이 아닌 다른 방식의 관계라도 법적으로 보호해줘야 할 필요성이 대두된다. 혼인보다 조금은 느슨하더라도 법적인 생활공동체로 인정하자는 것이다. 성인 두 사람이 한집에 살면서 이런저런 법적인 약속을 따르겠노라고 신고하면 부부에 준하는 대우를 받을 수 있도록 말이다. 물론 한 부모 가정처럼 조금씩의 변형도 필요할 것이다.

가뜩이나 결혼하는 인구가 줄어든다는데 법까지 그걸 인정해주면 더욱 심각한 상황이 되지 않겠느냐는 반론이 있을 것이다. 물론 법은 사회가 잘못된 방향으로 나가는 것을 막는 안전장치 역할을 하기도 한다. 하지만 그 전에 무엇이 옳고 그른가를 정하는 것은 그 사회를 이루는 구성원의 주체적인 결정에 달려 있다. 가족의 모습이 어떤 것이어야 하는지 새로 정하는 것 역시 마찬가지이다.

사람이 만드는 천륜

'생물학적 아버지'라는 표현이 화제가 된 일이 있다. 핏줄로는 이어져 있지만 딱히 가까운 관계가 아니라는 정도로 해석할 수 있을 것이다. 반대로 남남으로 태어났어도 천륜만큼 끈끈한 인연을 만드는 사람들도 있다. 낳은 정이 먼저니 기른 정이 먼저니 하는 말도 그래서 있을 터이다.

양자제도는 부모 자식 관계를 만들어주는 인위적인 법률제도이다. 자식이 없는 부부를 위한 제도이지만, 과거에는 주로 다른 목적으로 쓰였다. 족보를 강조하던 시절, 대를 이어야 할 아들이 없는 큰집에서 후계자를 구하는 수단이었다. 그래서 불과 1990년 이전까지만 해도 사후양자, 유언양자처럼 가족으로 함께 살지 않았는데도 부자지간으로 족보에 올리는 것을 법으로 두고 있었다. 단, 대를 잇는 수단이었던 만큼 다른 집안의 장남을 입양하는 것은 허용하지 않았다.

2010~2016년 베이비박스 이용 추이 〈출처: 주사랑공동체교회·새가나안교회〉

　물론 지금은 다르다. 친자 관계를 만들기 위한 서로 간의 의사가 있을 때만 입양을 허락한다. 다른 목적, 예를 들어 형사처벌을 면제받기 위한 수단으로 한 입양신고는 효력이 없다(대법원 1995. 9. 29. 94므 1553). 한편, 더욱 단단한 관계를 만들어주기 위한 친양자제도를 도입하기도 했다. 가정법원의 허가를 얻으면 입양아는 입양 전 친부모와의 관계가 완전히 끊어지고, 법적으로 입양한 부모가 혼인 중에 낳은 자녀로 보는 것이다.

　그래도 입양에 대한 인식이 크게 달라진 것 같지는 않다. 출산율이 줄고 원해도 아이를 갖지 못하는 부부가 늘었다지만 입양 현황은 따로 논다. 이 땅에서 태어난 아이들이 부모를 찾지 못해 해외로 나가는 일이 여전하다는 것이다. 대를 잇기 위한 것은 아닐지언정 여전히 핏줄로 이어져야 '내 자식'이라는 관념이 크기 때문이리라.

　현행 입양특례법을 걸림돌로 지적하는 의견도 있다. 2012년 이후에는 출생신고를 한 아이만 입양이 가능하도록 하고 있다. 훗날 아이가 낳아준 부모를 찾을 끈을 남겨두기 위한 것인데, 여기에는 부작용이 있다. 경제적·사회적인 이유로 아이를 키우지 못하는 미혼 부모들이 출생신고에 대한 부담을 느낀 나머지 아이를 정상적인 보호시설에 맡기지 않는다는 것이다. 이 법이 개정되고 나서 버려지는 아이가 훨씬 늘었다.

어떤 이유로든 21세기 대한민국 뒷골목의 '베이비박스'에 여전히 아이들이 버려지고 있는 것은 분명한 사실이다. 그리고 그 아이들은 새로운 천륜을 만나지도 못한 채 보호시설에서 자란다. 이들을 품을 수 있는 새로운 형태의 가족은 없는 것일까? 족보의 시대가 끝나고 개인이 강조되는 시대가 되었다. 이 변화의 과정에 가족을 위한 법과 제도는 어떤 옷으로 갈아입어야 버려지는 사람 없이 품을 수 있을까? 함께 머리를 맞대고 고민해야 할 일들이 참으로 많다.

헌법 제11조

① 모든 국민은 법 앞에서 평등하다. 누구든지 성별·종교 또는 사회적 신분에 의하여 정치적·경제적·사회적·문화적 생활의 모든 영역에 있어서 차별을 받지 아니한다.

민법 제807조(혼인적령)

만 18세가 된 사람은 혼인할 수 있다.

제826조(부부간의 의무)

① 부부는 동거하며 서로 부양하고 협조하여야 한다. 그러나 정당한 이유로 일시적으로 동거하지 아니하는 경우에는 서로 인용하여야 한다.

② 부부의 동거 장소는 부부의 협의에 따라 정한다. 그러나 협의가 이루어지지 아니하는 경우에는 당사자의 청구에 의하여 가정법원이 이를 정한다.

제882조의 2(입양의 효력)

① 양자는 입양된 때부터 양부모의 친생자와 같은 지위를 가진다.

② 양자의 입양 전의 친족 관계는 존속한다.

양지열 변호사의 본격 가족법 상담소

*이 사례들은 사실관계를 바탕으로 다소 각색했음을 알립니다.

1. 파혼

ㅣ 주택 청약을 위해 미리 혼인신고를 했는데,
파혼하면 혼인이 무효가 되나요?

Q 2년 정도 연애하고 결혼을 결정한 커플입니다. 상견례도 마치고 결혼식장도 예약했지만 신혼집을 구하지 못했습니다. 몇 년 새 집값이 많이 올랐더라고요. 그러다가 신혼부부에게 주변 시세보다 저렴한 임대주택을 우선 공급한다는 것을 알게 되었어요. 임대주택에 신혼부부 우선공급을 신청하기 위해서는 공고일 기준으로 혼인신고가 되어 있어야 했고, 예비 신랑은 제게 혼인신고를 먼저 하자고 제안했습니다. 저는 썩 내키지 않았지만 결혼식을 앞두고 집이 없다는 생각에 초초해서 저희 부모님도 설득했습니다. 그런데 신혼부부 중에서도 아이가 있거나 무주택 기간이 긴 사람에게 우선순위가 있어서 저희는 청약에 떨어졌어요. 그러는 동안 예비 시어머니는 예단이나 예물, 폐백, 혼수 등 형식에만 신경을 썼어요. 예비 신랑도 자기 부모님과 저 사이에서 중재를 하지 못했고, 결국 능력이 없어 미안하다며

결혼식 2주 전에 파혼을 선언했어요.

저는 젊은 나이에 결혼한 적도 없는데 이혼녀가 되는 것이 너무 억울해요. 결혼 후 살 집을 마련하기 위해 미리 혼인신고만 했을 뿐 단 하루도 동거하지 않았고, 실질적인 결혼 생활을 전혀 하지 않았으며, 결혼식도 올리지 못했는데 파혼당한 거예요. 저는 처음부터 혼인신고에 찬성하지 않았고, 심지어 예비 신랑이 제 신분증을 가지고 가서 혼인신고를 했단 말이에요. 이 혼인을 무효로 할 수 없나요?

A 법적으로 결혼한 부부로 인정받기 위해서는 크게 두 가지 요건을 갖추어야 합니다. 일단 결혼하려는 당사자들 사이에서 정말로 결혼하겠다는 의사가 일치해야 합니다. 사회의 일반적인 눈으로 볼 때 육체적·정신적 결합을 통해 혼인의 실질을 갖추고 부부로서 살아가겠다는 의사를 가져야 합니다. 혼인신고는 그다음에 따르는 형식적 요건일 뿐입니다. 두 사람만의 약속을 넘어 국가와 사회로부터 법적인 부부에 맞는 제도적인 대우를 받기 위해 알리는 것입니다.

그런 만큼 혼인 의사를 아주 엄격하게 따지지요. 그래서 혼인신고를 하는 바로 그 시점에 서로의 의사가 일치하지 않는다면 혼인은 무효입니다. 설령 결혼식까지 마친 사실혼 관계였다고 할지라도 한 사람이 뇌졸중으로 혼수상태에 빠진 상태에서 다른 한 사람에 의해 혼인신고가 이뤄졌다면 무효입니다(대법원 1996. 6. 28. 94므1089).

결혼이 아니라 다른 목적으로 의사가 일치했다면 어떨까요? 예를 들어 해외이민을 가기 위해, 가족수당을 받기 위해, 혹은 외국인이 대한민국 국적을 받을 수 있도록 하기 위해 혼인신고를 했다면 말입니다. 두 사람의 의사가 일치했을지 몰라도 그건 혼인의 실질을 갖추기 위한 것은 아니지요. '가짜 결혼'이므로 모두 무효입니다. 신혼부부 전세자금 대출을 받기 위해 우선 혼인신고부터 했을 때도, 법원은 그 이후 결혼식을 하거나 부부로서 공동생활을 하지 않았다면 역시 무효라고 했습니다(부산 가정법원 2016드단 207092).

상담자는 혼인무효소송을 통해 혼인신고의 효력을 없앨 수 있을 것으로 보입니다. 법원이 받아들일 경우 이혼이나 혼인 취소와 달리 처음부터 혼인하지 않았던 것으로 봐서 아무런 기록도 남지 않게 되지요.

한 가지 더 지적할 필요가 있어 보입니다. 결혼식을 2주 앞두고 혼수 마련까지 했다면 두 사람은 약혼한 관계였지요. 다른 사정은 없는데 예비 신랑이 일방적으로 파혼을 했다면 '불법'입니다. 약혼을 깬 잘못이 있는 만큼 정신적 피해에 대한 손해배상책임을 져야 할 수 있습니다.

2. 이혼-성격 차이

30대 남편의 질문

I 툭하면 제게 힘들다고 감정을 쏟아내거나
친정에 가버리는 아내, 이혼 사유가 될까요?

Q 저희는 소개팅으로 만나 1년 정도 연애를 하고 결혼한 지 2
년 되는 30대 부부입니다. 맞벌이를 하고 있는데, 아내가 직
장 일을 힘들어서 제게 매일매일 하소연을 늘어놓습니다.
낮에는 모바일 메시지로, 퇴근해서도, 주말은 말할 것도 없죠. 저도 직
장 생활을 하니 처음에는 들어주고, 너무 힘들면 좀 쉬어보는 건 어떠
냐, 그만두어도 괜찮다고도 했습니다. 그럴 때마다 자신이 원하는 건
그런 소리가 아니라 당신은 들어주고 위로해주면 된다며 하소연을 이
어갑니다. 공부한 게 아깝고 자기가 그만두면 회사의 누구만 좋은 일
아니냐며 억울해서 안 되겠답니다.

하지만 한두 번도 아니고 제가 아내의 감정을 다 받아줄 수는 없더라
고요. 그게 자꾸 다툼으로 이어져서 조심스레 부부 상담을 제안하기도
했습니다. 그랬더니 부부 사이에 이 정도 힘든 것도 말 못하면 어떻게

사느냐, 자신을 사랑하긴 하냐며 오히려 화를 냅니다. 무엇보다 아내는 수틀리면 친정으로 가버리는 게 습관입니다. 2년 동안 이렇게 아내가 친정으로 가버린 적이 열 번이 넘습니다. 이번에도 장모님이 전화해서 "내 딸이 어린애 같은 면이 있으니, 자네가 와서 좀 데리고 가라." 하시는데, 더는 이런 아내의 태도를 받아주고 싶지 않습니다. 평생을 이렇게 산다고 생각하면 아득합니다. 이런 정도로 이혼을 생각하는 제가 이상한 건가요? 왜 사람들이 성격 차이로 이혼하는지 이제 알겠습니다. 하지만 아내는 그냥 속상해서 그랬던 것뿐, 이혼할 생각은 없다고 합니다.

A 이혼하는 절차는 크게 두 가지로 나눌 수 있습니다. 협의에 의한 이혼과 재판에 따른 이혼이지요. 협의에 의한 경우는 헤어지겠다는 뜻만 일치하면 딱히 이유를 묻지 않습니다. 하지만 재판상 이혼은 부부 중 한 사람이 혼인 생활을 깰 만한 잘못을 저질렀을 때 그 상대방의 청구로 법원의 허락을 받아 할 수 있습니다.

아내는 이혼할 생각이 없다고 하니 남편이 소송을 제기할 만큼 아내의 잘못이 있는지 살펴볼까요? 우선 아내가 직장 생활의 스트레스를 남편에게 하소연하는 것을 잘못으로 보기는 어렵겠지요. 남편에게 딱히 바라는 것이 있는 게 아니라 그저 하소연을 들어주고 같은 편이 되어주기를 바랄 뿐입니다. 부부는 동거, 부양, 협조할 법적인 의무가 있습니다. 함께 살면서 서로를 보살피고 돕는 것은 혼인의 본질이라고 해야 하겠지요. 아내의 하소연을 들어주는 것은 남편의 의무라고 하겠네요.

다만 아내 역시 남편을 도와야 하는 의무는 마찬가지인 만큼 도가 지나치면 안 될 겁니다. 더구나 하소연을 받아주지 않아 서운하다며 친정으로 간다는 건 공동 생활을 해야 한다는 동거의무를 위반하는 것이지요. 동거의무를 어긴 배우자에 게 법원은 정신적인 손해배상으로 위자료를 지급해야 한다고 판결한 바도 있습 니다(대법원 2009. 7. 23. 2009다32454).

그렇다고 재판에 따른 이혼 사유까지 된다고 볼지는 의문이네요. 집을 떠나 친 정으로 갔다면 남편을 버리고 간 셈이지요. 언뜻 민법 제840조에 제시된 여섯 가 지 재판상 이혼 원인 중 '악의의 유기'를 떠올리게 만들기는 합니다. 법원에서도 정당한 이유 없이 서로 동거, 부양, 협조해야 할 부부로서의 의무를 포기하고 다 른 일방을 버린 경우 악의의 유기로서 이혼할 수 있다고 판결하기도 했습니다(대 법원 1999. 2. 12. 97므612). 하지만 여기서 '악의'라는 건 사회적으로 비난받을 만큼 심각한 수준으로 상대방을 내쫓거나 두고 나간 경우를 가리킵니다. 아내는 화가 나서 집을 나갔지만 다른 곳이 아니라 친정으로 갑니다. 게다가 화가 풀리 면 돌아온다는 사실에 비춰볼 때도 남편을 '버렸다'고 하기는 지나칩니다.

아무래도 지금 상황만으로 남편이 아내에게 이혼을 청구하기는 어려울 것입니 다. 물론 부부 사이에 갈등의 소지가 있는 것만은 분명한데, 사실은 그런 문제를 해결하기 위해 노력하는 것이 더 중요합니다. 대화든 상담이든 갈등을 해결하려 는 노력을 게을리한다면 그것이 오히려 이혼 사유에 해당할 수 있습니다. 양쪽 모두 조금 더 마음을 열고 서로를 이해하기 위한 노력을 해보시면 어떨까요?

가족도 리콜이 되나요?

3. 이혼-경제적 문제

▎ 결혼 전 모은 재산을 남편과 나눌 의무가 있나요?
부부라고 재산을 똑같이 관리해야 하나요?

Q 저는 1년여 짧은 연애를 하고 결혼한 지 6개월이 된 여성입니다. 서로 나이가 차서 만났기에 양가 부모님께 손 벌리지 않고 저희 능력에 맞게 준비해서 결혼에 이르렀어요. 저는 웹소설을 쓰는 작가이고, 남편은 공직에 몸담고 있습니다. 버는 돈을 굳이 비교한다면 현재는 제가 남편보다 2배가량 많이 벌고 있어요. 물론 프리랜서라 매년 그렇다고 확정할 수 없지만, 최근 3년 정도를 돌아보면 그런 추세입니다. 작품이 10여 편 정도 되다 보니 운이 좋아 책으로 출간되기도 하고 판권 판매에 대한 이야기도 슬슬 나오고 있고요.

이렇듯 제가 창작자이다 보니 저작권료가 발생합니다. 그런데 얼마 전 친정 부모님께서 근근이 꾸려가던 가게를 접으셨어요. 빚잔치를 하고 나니 노후를 위한 돈이 부족한 형편입니다. 말씀은 안 하시지만 불안해하시는 것도 같고요. 딸로서 지켜보는 게 안타까워서 제 저작권

두어 개를 부모님 앞으로 돌려놓고 싶어서 남편에게 이야기를 꺼냈는데, 아주 펄쩍 뛰고 반대를 합니다. 서로 동등하게 결혼을 했고, 성인이며, 앞으로 아이도 낳아 키워야 하는데 우리 가족이 먼저 아니냐는 거지요. 남편의 입장도 이해해요. 썩 내켜 하지 않을 수 있다고는 생각했는데, 그럴 거면 시부모님 앞으로도 똑같이 몇 개를 돌려놓자는 거 아니겠어요?

저는 너무 황당합니다. 지금도 가정 경제에 제가 더 많이 기여하고 있고 앞으로도 그럴 텐데, 기계적으로 양가 '똑같이'를 강조하는 것이 과연 합리적인가요? 이 일로 저희 부부는 계속 냉전 중이고, 아직 아이가 없어서 이 사람과 계속 결혼 생활을 하는 게 맞는지 더욱 고민입니다. 결혼 전 쓴 작품에 대한 저작권 수익을 제 마음대로 처분할 수 없는 건가요? 만약 이 사유로 이혼하게 된다면 남편이 제게 어떤 유책 사유를 물어 손해배상 같은 걸 요구할 수도 있는 건가요? 이렇게 '돈, 돈' 하는 사람인 줄 정말 몰랐습니다.

A 가정 경제에 대한 문제와 함께 양가 부모님을 어떻게 모실지가 얽혀 있는 사연이군요. 그런데 부부는 독립적인 공동체로서 가정을 꾸리는 것입니다. 남편이나 아내 어느 한쪽의 부모님과도 경제적으로 분리되어 있는 것이 원칙이지요. 남편께서 우선 이 부분을 혼동하시는 것으로 보입니다. 물론 남편은 남편대로, 아내는 아내대로 각자의 부모님을 부양할 의무는 있습니다. 어느 정도 범위까지 도와야 할 것인지의 문제를 떠나 친정 형편이 어려울 때 돕는 것은 아내의 법적인 의무입니다. 마찬가지로 시부모님에게 도움을 드

려야 하는 것은 법적으로는 어디까지나 남편의 몫이고요. 남편의 주장처럼 시부모님에게도 똑같이 아내의 저작권에 따른 수입을 나눠야 할 근거는 없습니다.

또한 우리 법은 부부별산제를 택하고 있습니다. 그러니까 결혼 전부터 가졌던 재산이나 결혼 이후라도 각자의 노력으로 얻은 재산은 각자의 것으로 보고 있거든요. 물론 한쪽은 전업으로 가사를 돌보고, 다른 한쪽은 일을 해서 소득을 얻는다면 그 재산에 대해 양쪽 다 권리를 인정하기는 합니다. 한쪽의 '내조'로 다른 한쪽이 일을 할 수 있었다고 보는 겁니다. 그렇더라도 아내가 결혼 전에 취득한 저작권이라면 이는 온전히 아내의 것입니다. 지금의 남편이 아내의 창작 작업에 기여한 바가 없으니까요. 저작권은 크게 저작 인격권과 저작 재산권으로 나눌 수 있는데, 처분이 가능한 저작 재산권을 누구에게 증여하느냐는 아내만의 권리입니다.

그러니까 설령 두 분이 이혼을 하더라도 다른 문제가 없는 한 법적으로 아내의 잘못 때문이라고 볼 수는 없습니다. 잘못이 없는 이상 손해배상을 할 이유도 없겠지요. 물론 그 전에 두 분이 이혼까지 할 만한 사정으로 보기는 어렵네요. 남편께 부부라 할지라도 경제적으로 독립성이 인정되는 부분이 있다는 점을 알려주세요.

4. 상속

┃ '효도 계약'을 어긴 아들이 괘씸합니다.
주었던 재산을 다시 받을 수 있을까요?

Q 저희는 평생 농사를 지으며 20억 재산을 일군 70대 노부부입니다. 저는 죽기 전까지는 절대로 자식들에게 재산을 안 물려준다고, 제일 효도한 자식에게 주겠다고 입버릇처럼 말했지만, 아들이 사업에 계속 실패하고 살던 집까지 날리자 아내가 하도 졸라서 아들에게 10억 상당의 농지를 증여하기로 했어요.

단, 조건을 달아 각서를 썼어요. 평생 부모를 공경할 것과 아들을 낳아 대를 잇겠다는 것입니다. 하지만 아들은 저와의 약속을 지키기는커녕 사업에 또 실패하자 재산을 더 달라며 찾아와 행패를 부렸습니다. 아내는 충격을 받아 몸져누웠지만 아들은 코빼기도 비추지 않네요. 저희를 돌보는 것은 두 딸입니다.

아들이 너무 괘씸합니다. 우리 부부는 계약을 위반한 아들에게서 물려줬던 돈을 돌려받고 저희에게 잘하는 딸들에게 나눠주고 싶습니다.

아들은 이미 증여받은 것이라고 주장하고, 게다가 이미 돈을 다 써버려서 남은 게 없다고 나 몰라라 합니다. 효도 계약을 어긴 아들을 상대로 물려줬던 10억을 돌려받을 수 있을까요?

A 안타까운 사연이네요. 평생 땀 흘려 모은 재산을 믿고 준 것인데, 아들에 대한 실망감 때문에 얼마나 속상하실까요. 사실 비슷한 사연을 가진 어르신들이 많습니다. 오죽하면 법률용어는 아니지만 '효도소송' 혹은 '불효소송'이라는 말까지 만들어졌겠습니까? 부모가 모은 재산을 자식에게 미리 줬는데, 자식이 부양하지 않는 바람에 경제적으로 곤경에 빠지기도 하시지요. 그런 경우 재산을 돌려달라는 반환 청구 소송을 하는 것인데, 어려운 문제들이 있습니다.

우선 증여는 대가 없이 재물을 주겠다는 뜻을 밝혔을 때 그걸 상대방이 받아들이는 것으로 이뤄지는 계약입니다. 계약에 따라 재물을 건네는 걸로 이행이 되지요. 끝이 난 겁니다. 원칙적으로 돌려달라고 할 수 없습니다. 흔히 "줬다가 뺏는 법은 없다"라고 하는데, 실제로 법이 그런 겁니다. 한 번 이뤄진 약속을 뒤집으면 법적안정성을 해칠 수 있기 때문입니다.

예외는 있습니다. 증여 계약을 하면서 조건을 붙이는 거지요. 조건이 달성되지 않으면 돌려달라고 말입니다. 그런데 어떤 조건을 붙여야 하는지 잘 모르시는 경우가 많습니다. 법적으로 의미 있는 조건이 되려면 법원이 강제로 이행해줄 수 있어야 합니다. 사연에서는 두 가지 조건이 있지만 여기에 해당한다고 보기 어려울 듯합니다.

첫 번째 조건인 평생 부모를 공경한다는 것은 너무 막연하다 할 것입니다. 어떻게 해야 '공경'이라고 할까요? 안부 인사를 꼬박꼬박 드려야 할 수도, 모시고 살아야 할 수도 있습니다. 그렇게 모호한 조건 대신 일주일에 한 번씩 찾아뵙는다든가 매달 생활비로 200만 원을 보낸다는 것처럼 객관적으로 확실한 조건이어야 합니다. 두 번째 조건인 대를 잇는다는 것은 명확해 보이지만 강제로 이룰 수 있는 일은 아니지요. 아들이 마음대로 할 수 있는 일이 아닙니다. 임신이 어려울 수도 있고, 성별을 조절하는 것은 사실상 불가능합니다. 이런 조건은 없는 것이나 마찬가지입니다. 그러니 법원에 소송을 제기하더라도 돈을 돌려받기 어려울 겁니다.

대신 남은 재산을 두 딸에게만 물려주시는 일은 가능할 것입니다. 생전에 증여를 하든, 유언으로 상속을 하든 말입니다. 부모에게서 물려받을 수 있는 상속분은 아들딸 가리지 않고 똑같습니다. 전 재산이 20억 원가량이었으니 세 명이 각자 7억 원에 조금 못 미치는 돈을 받을 수 있었지요. 그런데 아들이 그 이상인 10억 원을 미리 받은 것입니다. 이런 경우 상속이 이뤄지더라도 더는 남아 있는 재산에 대해 요구할 수 없습니다. 혹시 아들이 나중에 돈을 잘 벌어 재산이 어느 정도 쌓였다면, 두 딸은 미리 받는 바람에 부족한 만큼을 돌려달라고 아들에게 요구할 수도 있습니다.

5. 상속

▌어머니 모신 의붓아들 vs 의절한 친딸, 상속은 어떻게 되나요?

Q 얼마 전 3년간 치매를 앓던 시어머니가 돌아가셨습니다. 시어머니는 오래전에 남편과 사별하고 딸과 둘이 살다가 자신과 같은 처지의 저희 시아버지를 만나 의지하다 살림을 합쳤지요. 두 분 각자 자식이 있고 나이도 있으니 혼인신고 없이 사실혼 관계로 지냈다고 합니다. 저는 시어머니의 사실혼 남편의 아들의 안사람입니다. 10년 전 시아버지도 돌아가시고, 저희가 시어머니를 모시고 살았습니다. 3년간 치매 병간호도 저희 부부가 했고, 주위 사람은 모두 친아들로 알고 있을 정도였어요.

문제는 시어머니 명의의 6억 원 상당의 집입니다. 경제적 능력이 별로 없던 시아버지가 사실혼 관계를 시작하면서부터 쭉 이 집에서 함께 살았습니다. 그런데 어머니와 의절해 병환 중에 아무리 연락해도 반응한 번 없었던 친딸이 상속재산을 달라며 의붓오빠를 찾아왔어요. 어머니 집은 원래 자기 아버지의 것이니 이 집에서 나가 달라고 통보했습니다. 새로운 가정에 더 충실한 엄마를 이해할 수 없었고, 상처받아 학업을 마치자마자 인연을 스스로 끊었던 딸의 마음도 이해합니다만, 저희가 법적인 자식도 아닌데, 계산적이었다면 치매 노인을 끝까지 모실 수 있었을까요? 시어머니는 법도, 상속도 모르는 분이라 아무것도 남긴 말씀이 없습니다. 저희는 어떤 기여도 주장할 수 없습니까?

A 사람은 누구나 빈손으로 돌아가지요. 남겨진 재산을 어떻게 처리할지에 대해 법은 우선 당사자가 생전에 원했던 뜻을 존중합니다. 만약 아무런 말씀도 남기지 않았다면 법이 정해놓은 순서에 따라 상속을 받는데, 직계비속, 직계존속, 형제자매, 4촌의 순서로 자격이 주어집니다. 만약 배우자가 있다면 다른 상속인과 함께, 상속분은 1.5배 더 많이 받지요. 사연의 아들(남편)은 돌아가신 아버지와 함께했던 분을 친어머니처럼 모셨지만 안타깝게도 법이 정한 상속인의 범위에 들지는 않습니다.

한 가지 더 생각해볼 여지는 있습니다. 상속을 받을 수 있었던 사람이 상속해줄 사람보다 먼저 사망하는 경우가 있지요. 예를 들어 아버지, 아들, 손자가 있는데 아버지보다 아들이 먼저 사망하는 겁니다. 나중에 아버지가 돌아가시면 손자는 아들이 받아야 했을 상속분을 대신 상속받습니다. 대습상속이라고 합니다. 사연에서도 아버지가 먼저 돌아가셨으니까 혹시 그런 가능성은 없을지 생각해볼 수 있습니다.

그러려면 먼저 돌아가신 아버지가 사실혼 관계였던 분에게서 상속을 받을 수 있었어야 합니다. 사실혼은 부부로 살 뜻을 가지고, 실제로 부부처럼 혼인 공동체를 이뤘을 때 인정됩니다. 누가 봐도 부부인데 딱 하나 혼인신고만 하지 않은 것이지요. 사연에서처럼 나이가 지긋하신 분들끼리 결합을 했을 때 종종 사실혼 관계를 갖곤 합니다. 물론 당사자들의 자유인 만큼 법도 존중합니다. 법적인 부부와 거의 똑같이 대우하기도 하고요. 하지만 상속받을 자격만은 주지 않습니다.

결과적으로 먼저 돌아가신 아버지가 집을 상속받을 수 없었으니 아들이 대습 상속을 받을 수도 없겠군요. 고령화 시대 황혼 재혼이 늘어가고 있는 만큼 변화에 맞춰 법을 바꿔야 한다는 목소리들도 있습니다. 하지만 아직 법적으로는 딱히 방법이 없어 보입니다.

가족도 리콜이 되나요?

– 연애에서 상속까지, 모던 패밀리를 위한 가족법

지은이 | 양지열

1판 1쇄 발행일 2019년 4월 8일

발행인 | 김학원
편집주간 | 김민기 황서현
기획 | 문성환 박상경 임은선 김보희 최윤영 전두현 최인영 정민애 이문경 임재희
디자인 | 김태형 유주현 구현석 박인규 한예슬
마케팅 | 김창규 김한밀 윤민영 김규빈 송희진 김수아
제작 | 이정수
저사·독사서비스 | 소나영 윤경희 이현수 이영은(humanist@humanistbooks.com)
용지 | 화인페이퍼
인쇄 | 청아문화사
제본 | 정민문화사

발행처 | (주) 휴머니스트 출판그룹
출판등록 | 제313-2007-000007호(2007년 1월 5일)
주소 | (03991) 서울시 마포구 동교로 23길 76(연남동)
전화 | 02-335-4422 팩스 | 02-334-3427
홈페이지 | www.humanistbooks.com

ⓒ 양지열, 2019

ISBN 979-11-6080-238-2 03360

* 이 도서의 국립중앙도서관 출판시도서목록(CIP)은 서지정보유통지원시스템 홈페이지(http://seoji.nl.go.
  kr)와 국가자료공동목록시스템(http://www.nl.go.kr/kolisnet)에서 이용하실 수 있습니다.(CIP제어번호:
  CIP2019010605)

만든 사람들

편집주간 | 황서현
기획 | 최윤영(cyy2001@humanistbooks.com)
편집 | 김선경 디자인 | 민진기디자인

NAVER 문화재단   파워라이터 ON 연재는 네이버문화재단 문화콘텐츠기금에서 후원합니다.